정이진 회고록

사중구활(死中求活)의 기적

- 6.25 전쟁 체험기 -

마이티북스

| 목차 |

머리말_한국 현대사의 소용돌이를 지나온 이의 회고
04

- 유년 초등 교육 시절　　　　　　　　07
- 중고등교육과 6.25 전쟁　　　　　　11
- 공군 현역 시절　　　　　　　　　　26
- 대학 재학 시절　　　　　　　　　　37
- 국가 공무원 시절　　　　　　　　　41

맺음말_인생을 아름답게 마무리하는 이의 행복
72

갤러리_기록
75

| 머리말 |

한국 현대사의 소용돌이를 지나온 이의 회고

    1948년 8월 15일 대한민국 정부가 수립되고 미군이 철수한 지 2년도 되지 않아 적화통일의 야욕을 버리지 못한 북한의 김일성은 박헌영의 허세를 믿고 중국의 모택동과 야합하여 50년 6월 25일 기습남침을 감행하였다. 이로써 백만 명이나 되는 귀중한 우리 국민의 생명을 앗아간 동족상잔의 6.25 전쟁이 발생하였는데, 이 시기에 내가 겪은 기상천외한 각본들은 생각하면 할수록 무슨 조화인지 미궁에 빠지곤 한다. 이 같은 믿어지지 않는 사실을 홀로 간직하고 지나치기엔 아쉬움이 남아 수년 전부터 지필(紙筆)을 들었으나 그간 병마와 싸우느라 사경을 넘고 여러 어려운 여건으로 인해 차일피일 미루어왔다. 그러다가 기필코 생전에 탈고하고야 말겠다는 결의로 졸수(**拙守**)에 접어들어 지필을 다시 들었다. 나는 내가 겪은 험난했던 6.25의 실상을 보고 느낀 그대로 기술하려 한다. 이 글을 통해 6.25를 모르는 젊은 세대들이 조금이라도 이 시절을 이해할 수 있게 된다면 나는 그것만으로도 무척 보람 있을 것 같다.

돌이켜 생각해 보면 우리 세대(임신년생)는 팔자를 잘못 타고났다는 생각이 든다. 초등학생 시절에는 대동아전쟁(1941~1945년)이 있었고 중학생 시절에는 6.25 전쟁을 겪었다. 대학 시절에는 군 복무로 공부다운 공부를 해보지 못 했었다. 그러나 운이 좋아 공무원에 등용되어 32년간 복무했다. 만기 퇴직 후 이제는 말로(**末路**)를 행복하게 살고 있으니 하나님과 국가에 감사할 따름이다.

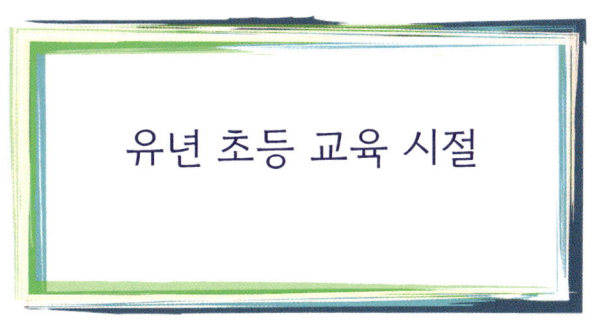

유년 초등 교육 시절

　나는 1932년 음력 4월 5일 경북 영주군 상줄리 310번지에서 지방 소지주인 5대 독자 정규현(丁奎賢)과 이인호(李仁鎬) 사이에서 7남 1녀 중 5남으로 태어났다. 당시는 일제 식민지 치하였으나 평화롭고 별 아쉬운 것 없이 자랐다. 서울에서 유학 중인 형들이 방학 때가 되면 연필, 공책 등 학용품과 책가방, 운동화 등 많은 선물을 사다 주었다. 책가방을 메고 운동화를 신고 학교에 가면 이러한 신문물을 처음 보는 아이들이 나에게 '아부나이 구쓰' 신었다고 놀려댔다. 시골 아이들은 대부분 맨발로 다니거나, 아니면 일본식

나막신인 '게다'를 신고 다녔다. 우리집의 전성기는 증조부인 대직(大稙) 할아버지 때였으며, 할아버지는 강원도 "안협"이란 군의 골원님을 지나셨다. 일제 때 낮에는 경찰에 기부하고 밤에는 독립군에 기부하였다고 한다. 재물은 있으나 손(孫)이 귀하여 양자와 독자로 연명해 오던 중 증조부께서 돌아가시자 국내 유명 풍수지리객을 초빙하여 후손이 번성하는 산소를 원했던 바, 충북 단양 사이남 근처 산지를 정해주면서 앞으로 자손은 번창하겠으나 재산은 준다고 하였으니 이를 감수하여 험준한 죽영재를 넘어 백리길을 상여를 메고 일 개월이 걸려 명당에 도달하였다고 한다. 그 후 손자인 저의 부친대에 9남 3녀를 두었고, 저의 장형대에 7남 1녀를 두었으며 대동아 전쟁과 6.25 전쟁 중에도 인명피해 없이 하늘이 준 목숨을 살고 있으며 해방 후 토지개혁 등으로 재산은 풍수가의 예언대로 대부분 소멸되었다.

  국민학교 2학년이 되던 해인 1941년 대동아 전쟁이 발발하여 공부는 뒷전이고 전국이 전시체제로 돌입했다. 교정은 채전(菜田)으로 변했고 등교할 때 퇴비용으로 풀을 한 망태씩 메고 가야 했으며 군수용으로 솔공이(윤활유)와 솔방울

사중구활(死中求活)의 기적 - 6.25 전쟁을 중심으로
유년 초등 교육 시절

을 인당 10관씩 의무적으로 공출해야 했다. 낫으로 솔공이를 자르다가 손가락을 다치는 일도 많았다. 교실 내를 청소할 때는 합창으로 "베이에이게끼메스"란 구호를 외쳤다. 전쟁 4년 만인 1945년, 미국이 나가사키와 히로시마에 원자탄을 투하함으로 인해 드디어 같은 해 8월 15일 일본은 무조건 항복하고 말았다.

그때까지만 해도 태극기가 무엇인지 애국가가 무엇인지 듣지도 보지도 못했다. 일본어를 국어로 배웠기에 그렇게 알고 있었다. 일본의 내선일체(內鮮一體)라 하는 합방 정책에 따라 성씨마저 일본식으로 바꾸어졌으며 학교마다 일본 천황을 경배하는 신사를 지어 등교할 때마다 최우선적으로 경배하게 하였다. 36년 동안 일본 식민지로 있다가 연합군의 승리로 해방이 되었다는 소식이 전해지자 해가 지고 어둠살이 낀 동리 공회당에는 남녀노소 할 것 없이 많은 동민들이 모여들어 저마다 경쟁적으로 단상으로 올라가 환희의 감정을 토로하곤 하였다. 장년 남자 한 분은 "삼천초목이 기뻐서 춤을 추고 있습니다." 또 한 분은 "하늘에 뜬 구름이 너무 좋아서 씩씩 웃고 있습니다." 그때 그 목소리가 지금도 귀에 쟁쟁하고 환희(歡喜)의 광경들이 눈앞에 선명하다.

1990년. 본인 포함 3형제 커플이
증조부 명당 산소인 충북 단양 사이남 산소 묘비 옆에서
기념사진 촬영

사중구활(死中求活)의 기적 - 6.25 전쟁을 중심으로
유년 초등 교육 시절

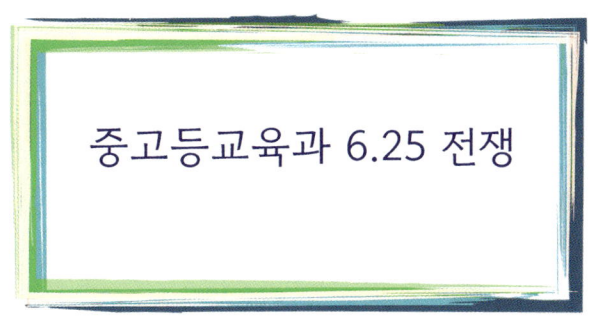

중고등교육과 6.25 전쟁

　해방 다음 해 고향에서 중학교에 입학하였으나 좌우익 이념 갈등으로 학원 안까지 투쟁이 격화되고 좌익 분자들은 야간을 이용하여 지방 유지 지식인 부유층 인사들을 학살하는 일이 연이어 일어나 세간의 공포 분위기는 극에 달하고 있었다. 1946년 중학 입학 문제로 서울에 있는 형님 댁에 갔었는데 그때가 5월 1일 메이데이 날이어서 동대문에 있는 서울운동장에 구경삼아 가보았더니 수만 명의 좌익계 노동자들이 운동장을 가득 메운 채 붉은 깃발을 들고 '적기가'를 고창하고 있었다. "높이 들어라 붉은 깃발을, 그 밑에서 전사하리라."

　1945년 8월 15일 해방 이후 1948년 8월 15일 정부 수립 전까지는 전국이 무법천지 대혼란 시기였다. 정부 수립 후 공산당 체포령이 내리고 나니 공개적인 공산당 활동이 사라져 질서를 유지하게 되었으나 이로부터 2년이 채 못되어 1950년 6월 25일 전쟁이 발발하였다. 19만 명의 인민군 (국군 9만 명)이 소련제 탱크(tank) 242대를 몰고 6월 25일 새벽, 기습 남침하여 불과 3,4일 만에 수도 서울을 점령했다. 이어 파죽지세로 남침한 인민군은 달포 만에 대구와 부산을 제외한 전 지역을 공산권 치하로 넣었다. 남한의 국민들은 인민군에 앞서 모두들 남으로 피난 가기에 바빴다. 중부 전선의 인민군이 소백산 중령제까지 왔을 때 아군의 결사저지로 일주일간의 교전이 벌어졌었다. 밤이면 인민군이 쏜 포탄이 유성처럼 날아와 우리 동리에까지 떨어졌다. 한 번은 집 한 채가 유탄에 맞아 전소한 일도 있었다. 동리 주민들은 이미 모두 피난 갔고 우리 가족만 남아 있었다. 당시 부친과 장형 내외 모두 객지에 가 계셨고 본가에서는 18세 본인이 가장이었으며 당시 함께였던 할머니와 어머니, 동생들, 그리고 어린 조카들은 모두 기동력이 없었을뿐더러, 대가족이었기에 집을 나서기가 어려웠다. 그러나 포탄이 코앞에 떨어지니 이판사판으로 피난길에 나섰다.

노상 취식을 하며 정처없이 남쪽으로 가다가 3일 만에 도착한 곳이 겨우 30리 정도 떨어진 장수면 '토깨'라는 마을이었다. 그곳에서 점심식사를 하다가 앞을 바라보니 인민군 부대가 동리 앞을 지나 남쪽으로 행군하고 있는 것이 보였다. 우리가 있는 곳은 이미 인민군 치하에 들어가 있었으며 더 이상 피난의 의미가 없다는 것을 알고 바로 고향 본가로 발길을 돌렸다. 집에 도착해 보니 이게 무슨 일인가? 입구(口)자 큰 기와집을 텅 빈 집으로만 생각했던 것이 인민군 일개 연대가 주둔하고 있었다. 사랑방은 연대 본부 사무실로 꾸며 놓고 방앗간에는 연대장용 군마를 메어 놓고 있었다. 40~50명쯤 되어 보이는 인민군들은 대다수 16~18세 정도로 보이는 소년들이었으며 생각보다 부드럽고 친절하게 우리를 대해주었다. 저녁 식사가 끝나면 오락시간으로 20~30명이 둥근 원형으로 모여 앉아 수건 돌리기를 하여 술래가 되면 가운데 나가 노래를 불러야 했다. 늦게 나오면

"안나오면 쳐들어간다 쿵 자작 작작" 하고 독촉 소리가 쏟아져 나온다. 여기서 불렀던 노래 중 카추샤의 노래 "산과 들에 만발한 이화 물에 떠서 아롱거린다"는 지금도 생생히 기억난다.

   당시 전세는 전국의 90% 이상을 점령하고 마지막 보루인 대구와 부산만이 남아있는 상태였다. 대구의 팔공산 전투와 부산의 관문인 포항 전투는 한 달이 넘도록 그칠 줄을 모르고 계속되고 있었다. 그러다 9월 15일 맥아더 사령관이 지시한 인천상륙작전의 성공으로 전세는 돌변하여 남한 전역에 산재해 있던 인민군은 부랴부랴 후퇴하기에 이르렀으며 미처 삼팔선을 넘지 못한 병사들은 패잔병이 되어 지리산 같은 은신처로 숨어들어갔다. 인천상륙작전까지도 후방에서는 의용군이란 이름으로 청소년을 차출하여 일선 전투지역의 총알받이로 투입하고 있었다.

   잊을 수 없는 나의 운명의 날 9월 14일! 오후 늦게 인민의용군으로 차출되자 불과 며칠 후면 팔공산 전투에서 억울한 죽음을 당한다고 생각하니 꿈이 아니고는 피할 길이 없었다. 드디어 인솔 요원이 와서 뒤를 따라 대문을 나서려 하니 어머니와 형제 조카들 온 가족들이 대성통곡을 해 온 집 안이 눈물바다가 되었다. 나 또한 이 저승길을 걸어가고 나면 사랑하는 가족들과 정든 집, 고향 산천을 두 번 다시 볼 수 없다 생각하니 뜨거운 눈물이 앞을 가렸다. 인솔자를 따라 한 시간을 걸어서 영주 읍사무소 광장에 당도하니 백여 명 정도 되어 보이는 의용군이 이미 도착하여 정렬하고 있었다.

  일장 훈시를 듣고 난 다음 해질 무렵 남쪽 전선을 향해 행군하기 시작했다. 죽음의 시간이 다가오고 있었다. 1시간 정도 행군 후 안동 근방으로 짐작되는 한 넓은 소나무 밭에 진을 치고 주위에 있는 채전에서 호박 야채 등을 따다가 국을 끓여 저녁식사를 하였다. 그러고는 상상 외로 더 이상 남하하지 않고 4~5일 동안 그곳에서 김일성 장군 스탈린 대원수 등 군가를 가르치며 총기 손질 등으로 날짜를 보내다가 9월 20일경 "군사기밀상 부대를 이동한다"면서 어둠을 타서 행군하기 시작했다. 동서남북을 모르고 가다가 날이 밝아져 주위를 살펴보니 내 고향 동리 앞 도로를 지나 북행하고 있는 것이 아닌가? 이때 이상하다는 생각을 하기는 했지만 38선 이북으로 후퇴하고 있을 거라고는 상상도 못했다. 최근 이중근 편저 『6.25 전쟁 1129일』을 읽어보고 비로소 9월 14일 내가 의용군으로 차출되어 대구 팔공산 전쟁터로 남하하던 중 안동 근처에서 4~5일간이나 체류했던 이유를 알 수 있게 되었다. 하늘이 도우사 우리나라 자유민주주의 대한민국을 지켜주신 것이다. 원래 나는 3~4일 후면 팔공산 전투에 투입되어 억울하게도 국군의 총알받이로 죽어야만 했던 절체절명의 시점에 있었다. 그런데 9월 15일 맥아더 원수의 인천상륙작전과 같은 날 유엔군과 우리 공군의 합동 작전이었던 동해안 영덕상륙작전이 동시에 성공함에 따라 전황이 역전되어 인민군이 총후퇴하기에 이르러 나는 사지(死地)에서 살아날 수 있게 된 것이었다.

　다시는 못 볼 줄 알았던 고향 산천을 다시 보게 된 순간 불현듯이 도망쳐서 정든 고향집에 숨어들고 싶었으나 무장한 인솔 인민군이 좌우 사방으로 붙어가며 탈영병이 생기면 가차없이 총살했으므로 이를 행동으로 옮기기는 어려웠다. 이런 경우는 또 한 번 있었다. 풍기읍 백동을 지나갈 때도 도망치고 싶은 충동은 있었으나 실행하지는 못했다. 백동은 종고모댁으로 한적한 오지로써 은신하기에는 더없이 좋

앉을 뿐 아니라 동갑내기 육촌 형제가 있었다. 이윽고 죽령재를 넘어 날이 밝으면 민가에 들어가 미군 공중폭격의 공습을 피했다. 그러다가 날이 어두워지면 다시 북진을 계속하는 것이었다.

4~5일 지나 원주에서부터는 밤낮을 가리지 않고 제트기 폭격에도 아랑곳하지 않고 계속 질주하는 것이었다. 홍천강을 건너던 중 제트기 기습을 당해 수많은 대원이 희생되었으며 등에 기관포를 맞고 쓰러진 대원을 목격하면서도 계속하여 앞만 보고 뛰었다. 한번은 제트기 편대의 공습을 당하자 인근 야산 소나무 밑으로 일제히 숨어들었으나 이를 목격한 제트기 편대는 소유탄을 투하하여 주변이 순식간에 불바다로 변하는 바람에 다수 대원들이 소사(燒死)되었다. 구사일생으로 살아남은 대원들은 5kg의 비상식량을 등에 멘 채 제대로 먹지도 자지도 못한 상태로 500리 길을 뛰었으니 너 나 할 것 없이 기진맥진 그 자체였다. 나는 4열 종대 왼쪽 가장 가장자리 줄에 서서 가고 있었는데 38선을 코앞에 두고 춘천 시내로 진입하려는 지점에서 왼쪽 발이 실족하여 급경사 진 곳을 4~5미터나 굴러 논두렁에 떨어졌다.

얼마 후 정신을 차려 일어나 보니 이른 새벽 사방은 쥐 죽은 듯이 조용하고 우리 부대는 흔적 자취도 없이 사라져버렸으니 갈 곳이 막막하였다. 천지가 인민군 세상이니 어딜 가나 탈영병으로 신고당할 것이고 고향을 찾아 간다는 것은 꿈도 못 꿀 일이었다. 우선 허기진 배를 채워야 살겠다는 생각에 인근 민가를 찾았다. 약 1 킬로미터 정도 걷다가 보니 외딴 민가 한 채가 보였다. 찾아가 보았더니 40대로 보이는 아낙네가 아기를 업고 정원을 서성이고 있었다. 가까이 가서 먹다 남은 밥이 있으면 한술 얻어먹으려 찾아왔다고 하자 식은 죽 한 그릇을 갖다주면서 말을 이었다. "학생은 이제 사지에서 살아나왔으니 선조의 산소를 명당에 쓴 것 같소. 내일 아침(10월 1일)이면 국군 선발대가 우리 동리 앞을 지나 서울로 북진한다고 모두들 태극기를 들고 환영 나오라는 전갈이 있었소." 그 말을 들으니 그간의 모든 불안과 공포가 일시에 사라졌다. 그저 꿈이 아니고 사실이기를 바랄 뿐이었다.

아낙네는 다시 말을 이었다. "우리 동리(춘성군 신동면 거두리)는 동민 전체가 우익 진영으로 인민군 치하에서도 우익 인사가 인민위원장을 맡아 보고 있으니 안심하고 나를 따라 오시오. 내가 이장댁까지 안내하겠소." 식사가 끝나자 여인은 백 미터쯤 떨어져 있는 이장댁까지 안내해 주고 돌아갔다. 참 고마운 여인이었다. 당시 인민위원장은 50대 초반으로 후덕해 보였으며 성함은 성기홍이라 하였다. 가족으로는 부인과 30대 중반으로 보이는 계수(季嫂)가 돌 지난 아이를 데리고 방문 중에 있었다. 이장은 나에게 말하기를 "나도 국군 선발대에 발각되면 불문곡직하고 직결 처분을 당하므로 당분간 피신하고 있어야 하니 학생도 은신 잘 하고 있다가 질서가 회복 안정된 후 경찰서장의 여행 증명서를 발급받아 갖고 고향 찾아가라"고 당부하였다. 그 후로는 주인 성 이장을 볼 수가 없었다.

  나는 정원도 쓸고 집 일을 조금씩 도와 오다가 하루는 뒷산에 나무하러 갔다가 내려오는 중, 갑자기 들이닥친 헌병 선발대와 마주쳤다. 그들은 인민군 시절 동리 인민위원장을 지낸 자와 인민군 패잔병들을 색출하여 직결 처분하는 것이 주 임무였다. 이미 죽은 목숨이라 생각하니 그 어떤 두려움도 공포심도 느끼지 못했다. 묻는 대로 시키는 대로 따를 뿐생을 애원하지도 않았다. 호주머니 감사를 받고 나니 생의 마지막 순간이 왔음을 직감하였다. 4~5명가량 되어 보이는 대원들 중 한 명이 "인생이 불쌍하다"고 하자 또 한명이 "인물이 아깝다"고 하였다. 말이 이어지자 또 다른 한 명은 "갈 길이 바쁘니 빨리 처단하고 가자"고 갈 길을 재촉하였다.

　마지막으로 30대 초반쯤 되었을까, 대장으로 보이는 헌병이 입을 열었다. "네 고향이 어데로?" "경북 영줍니다" 라고 대답하자 "영주레?" 반갑고 놀란 듯이 다시 물었다. "영주 어데로?" 묻는 말이 떨어지자마자 기다렸다는 듯이 "영주읍 상줄리 줄포라는 동리입니다." 말이 떨어지기 무섭게 "그럼 정명진이를 아나?" 라고 다시 묻자 그때는 생기가 나서 "네, 저의 친형님입니다." 선발대장은 반갑다는 듯이 "명진이는 영주 서부국민학교를 나하고 같이 다녔다. 그러고 보이 명진이 닮았네. 피신 잘하고 있다가 고향 찾아 가아라." 이 한 마디를 남기고 일제히 번개같이 사라졌다. 나는 꿈 같은 현실에 홀로 남아 깊은 시름에 빠졌었다. 생사가 바뀐 기상천외한 기적이 일어나지 않았더라면 이름 모를 강원도 어느 한 산골짝에서 피를 흘리며 쓰러져 육신은 까마귀 밥이 되고

사중구활(死中求活)의 기적 - 6.25 전쟁을 중심으로
중고등교육과 6.25 전쟁

영혼은 불쌍하게 구천을 떠돌고 있겠지? 하는 비참하고 끔찍한 생각이 뇌리를 스쳐갔다.

당시 유엔본부에서는 북한을 침략자로 규정하고 연합군을 참전시킴으로써 전세는 승승장구, 928 수복을 거쳐 평양을 점령하고 신의주 압록강까지 진격하였으나 10월 19일 중공군의 백만대군 참전으로 그들의 인해 전술에 당하지 못하고 1.4후퇴의 쓴 고배를 마셔야 했다. 이후 경북 오산까지 후퇴하였다가 전세를 회복하여 재차 북진을 거듭하여 철원까지 함락하였으나 전쟁이 장기화되자 1953년 7월 27일 당시 전선을 국경으로 하는 휴전협정이 체결되었다.

미국을 위시한 유엔 참전 21개국의 도움과 희생으로 자유민주주의 대한민국을 지켜냈으나 전쟁 3년 1개월 동안 입은 희생과 재산적 손실은 이루 말할 수 없었다. 국군 전사자가 15만여 명, 부상자를 합하면 35만 명에 달했으며 미군의 전사자는 5만여 명으로 부상 실종자를 합하면 15만 명이나 되었다. 민간인 희생자를 비롯하여 이산가족들의 정신적 고통 등은 70년이 지난 오늘날까지도 뼈에 사무치게 남아있다.

나는 성 이장댁에서 20일가량 피신하고 있다가 10월 20일경 이장이 전해주는 여행 증명서를 받아가지고 경북 상주가 시댁인 이장의 계수씨와 돌배기 아기를 데리고 세 식구가 일행이 되어 천 리 길 고향 영주를 향해 무전여행을 나섰다. 그러나 뜻밖의 죽을 고비는 집으로 가는 여정에도 여러 번 도사리고 있었다. 통과하는 도시 입구마다 헌병 검문소가 있어 이곳을 통과할 때마다 죽을 고통을 겪었다. 구타당하는 것은 약과이고 한번은 총살시키겠다고 협박하며 밤이 새도록 놓아주지 않은 적도 있었다. 아마 가족과 동행하지 않았더라면 살아남지 못했을 것을 생각하니 가족 동반한 것이 천만다행한 일이었다. 그러나 인민의용군 모습이 완연한 나로서는 앞으로 남은 제천, 단양 등의 검문소를 과하기가 두려웠고 공포감마저 들었다.

　문전걸식하며 산채와 야채로 허기를 면해오다가 하루는 점심때가 되어 단양 근방을 지나고 있는데 논밭에서 농부들이 탈곡을 하고 야외 식사를 하고 있는 광경을 보았다. 가까이 다가갔더니 흰쌀밥에 무채 등 갖가지 맛있는 채나물을 곁들여 주어서 오랜만에 식사다운 식사를 배불리 먹었다. 지금도 꿀맛 같았던 그때 그 맛을 잊을 수가 없다..

이윽고 중령재를 넘어 풍기읍을 지나 안정면을 지나가게 됐다. 안정면 소재지에는 내가 다니던 있는데 당시에도 조카 여러 명이 안정 국민학교에 다니고 있었다. 내가 학교 앞을 지나가는 것을 본 조카들이 미리 알아보고 인사도 없이 나 몰래 2킬로미터나 떨어진 고향 집으로 달려가 가족들에게 나의 귀향 소식을 알림으로써 어머니를 비롯한 온 가족이 동리 앞 멀리까지 버선발로 마중을 나왔었다. 죽은 줄만 알았던 자식이 20여 일 만에 살아서 돌아온다니 기쁨의 감회는 눈물 바다를 이루었다.

집에 와서 들은 바로는 할머니와 어머니가 하루도 빼지 않고 새벽 다섯 시에 일어나 정한수 떠놓고 나의 생환을 부처님께 빌었다고 하였다. 한두 번도 아닌 숱한 절체절명의 사경에서 생명을 잃지 않을 수 있었던 것은 단연 부처님과 하나님의 은혜 덕분이었다고 생각한다. 그 당시 나는 교회에 나가본 적도 없는 무신론자였으나 지금 와서 생각해보면 하나님은 내가 장차 하나님의 아들이 되어 한국 뿐만 아니라 말레이시아 및 미국 등에서 예수를 믿는 착실한 성도

가 될 것을 미리 아시고 사지에서 구해주신 것으로 믿고 싶다. 여러번의 사경을 겪었으나 그 중에서도 가장 기상천외한 현대문명이나 과학으로도 해답을 찾을 수 없는 두번의 경우는 첫번째 필사적으로 38선 이북으로 도망쳐가던 1950년 9월 말 경 38선을 코앞에 둔 절체절명의 때와 장소에서 본의 아니게 실족으로 급경사진 언덕길에서 굴러 떨어져 월북을 면했다는 점과 민가에서 피신 중 국군헌병 선발대를 만났으나 직결처형 직전에 살아남을 수 있었다는 점은 천우신조라는 말 이외에는 정답을 찾을 수 없다.

    동행하여 온 상주댁은 고향집에서 일주일 정도 휴식을 취한 다음 영주시내에 있는 고속버스 정류장까지 안내하여 상주행 승차권을 끊어 전송하였다. 그러고 나서 곧바로 영주경찰서로 가서 귀가 신고를 하고 1951년 초 국군 자진 입대를 위하여 아버님이 계시는 대구시 대봉동 고종사촌 댁으로 찾아갔다. 그곳에서 육군 통역장교 모집을 기다리고 있었으나 곧바로 공군기술 하사관 모집공고가 난 것을 알게 되어 응시한 결과 합격하였다.

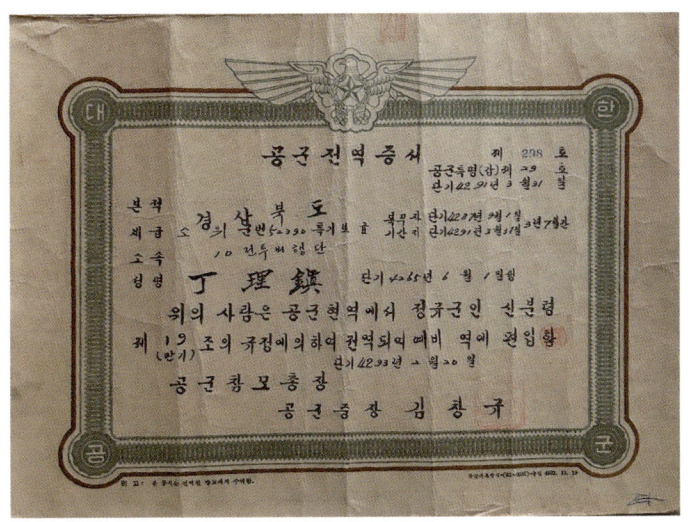
공군전역증서

1951년 경남 사천 비행장 정비반 동료들과 함께

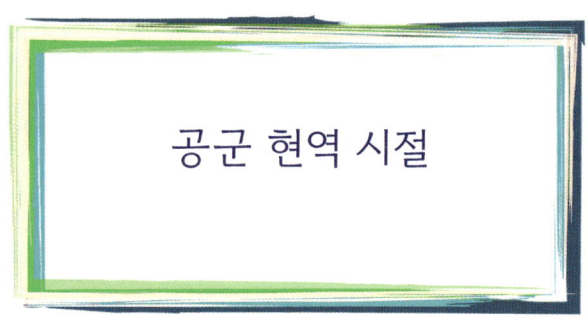

공군 현역 시절

 1951년 4월 경북 자인군에 있는 자인국민학교에서 신병 군사훈련을 받고 공군 제10기생으로 입대하였다. 교관들은 대부분 일제 때 악독한 훈련을 받은 경력자들이어서 비인간적인 훈련을 그대로 전수하였다. 5월 말 기본 훈련이 끝나자 대구 동명비행장에 있는 항공정비교육반으로 들어가 약 2개월 동안 전문 교육을 받은 후 동년 7월말경 경남 사천 비행장에 있는 '공군 제2정찰비행전대' 정비대대로 근무지가 배속되었다.

주중에는 업무로 바빴으나 주말에는 동료들과 인근에 있는 진주, 삼천포 등 도시로 나가 술을 마시면서 부대 내에서 쌓인 피로를 풀곤 하였다. 한번은 51년 8월 주말을 맞아 동기생 10여 명과 같이 진주 남강을 건너 시골 농촌 마을을 방문한 바 있었는데 사경에서 천우신조로 살아난 경험도 있었다. 강 폭이 30~40m가량 되었는데 모두가 건너가고 마지막 한 친구가 강 중간에서 머리를 내 놓은 채 서 있었다. 나는 수심이 깊지 않은 것으로 알고 덥석 뛰어들었다. 헤엄 실력이 10m 정도밖에 안되는 나는 안심하고 강 중간에서 섰더니 뜻밖에도 강물은 키를 넘는 깊이였다. 그때는 당황하여 있는 힘을 다하여 헤엄쳐 섰으나 여전히 발이 땅에 닿지 않았다. 마지막으로 사력을 다하여 약 4~5m 정도 더 나갔으나 죽어도 그 이상은 헤엄칠 수 없는 시점에서 서는 수밖에 없었다. 생사의 기로에 선 것이었다. 수위는 입을 잠그고 바로 코밑까지 닿는 정도였기에 2~3mm 차이로 겨우 호흡은 할 수 있었다. 동료들은 모두 앞서 갔기에 나의 이러한 상황은 아무도 몰랐다.

1951년 경남 사천비행장 정비관 동료들과 함께

1952년 진주 남강에서 공군 10기생 일동

사중구활(死中求活)의 기적 - 6.25 전쟁을 중심으로

공군 현역시절

당시 사천비행장에는 정찰용 경비행기(L-4, L-5형) 20여 대가 전부였다. 정비사들은 새벽에 눈만 뜨면 각자 맡은 경비행기로 달려가 만전을 기해 그날의 비행훈련을 위한 철저한 정비점검을 실시하였다. 조종사(pilot)들은 비행훈련에 들어가기 전에 안전을 위해 시험비행(test fly)을 하는데 나는 이때 조종사와 동승하여 비행기 성능 상태를 점검했다. 가끔 조종훈련 도중 조종 미숙으로 인해 추락 사고가 발생하는 일이 있었다. 파손된 경비행기 수리는 정비대대의 책무였다. 한번은 대파되어 철 골조만 남은 경비행기 두 대를 정비대장 배덕찬 대위의 총지휘 하에 수천만 가지 부속품을 미공군 기지보급 창에서 신청 취득하여 재생 완성하는 데 성공한 적이 있다. 이를 계기로 어려운 국가 재정에 이바지한 바가 크다는 공로로 정비요원들 전원에게 무공훈장을 수여했었는데 당시 나는 화랑 은성 무공훈장을 수여받았다. 내가 복무한 만 3년 동안 훈련용 항공기도 고등화되어 L-4, L-5, L-16, L-19, L-20(AT-6), F-51(무스탕) 등으로 발전하였다.

1952년 사천비행장 정찰기 정비반 시절

1952년 사천비행장에서 정찰기 정비관 시절

사중구활(死中求活)의 기적 - 6.25 전쟁을 중심으로

공군 현역시절

내가 내무반장(일등중사)이던 시절 지금까지도 잊을 수 없는 놀라웠던 일 두 가지가 생각난다. 일과를 마치고 취침하기 전 '저녁 일석점호' 때 반원 한 명이 보이지 않았으나 이상 없는 것으로 보고하고 점호가 끝난 후 전 반원이 수색에 나섰다. 어두운 밤중이라 두려움을 무릅쓰고 활주로 건너편 작업장 안을 수색하다가 나(羅) 하사의 시체를 발견하였다. 카-빈(Carbin) 소총으로 자살한 것이었다. 곧바로 본가에 연락하고 사고를 수습하였다. 사인은 가정 내에 어려운 사정이 있었던 것으로 알려졌다. 또 한 번은 내무반 콘센트 안에 점등 스위치를 장착하면서 플러스(+) 선과 마이너스(-) 선을 연결했더니 점등하자마자 '팍'하는 소리와 함께 모든 배선이 일시에 불이 붙었다. 어찌할 바를 몰랐으나 모든 인원을 총동원해서 진화한 끝에 큰 사고는 면했었다.

내가 사천비행장에서 하사관으로 복무한 지 3년이 지났을 때 공군기술장교 모집이 있어 응시한 결과 '공군 제4기 각종기술장교' 후보생으로 합격하여 대전에 있는 '공군항공병학교'에서 2개월 동안 육해공군 공통 기본 교육을 받고 1954년 9월 1일 수료와 동시에 공군 소위로 임관하였다. 7,

8월 삼복더위에 장총을 메고 논, 밭, 강을 가리지 않고 직선 행군(독도법 행군)을 실시하였다. 당시 나는 더위를 먹어 식욕을 잃고 기진맥진한 상태에 있었는데, 민가의 한 아주머니가 더위 먹은 데는 육모초가 제일이라면서 녹색 육모초즙을 한 그릇 갖다 줘서 쓰디쓴 육모초를 먹어본 기억이 난다.

임관 후 보급특기를 희망하여 1954년 11월 25일 경남 김해비행장으로 내려가 제5기 보급장교 특기교육(OJT교육) 과정을 받기 위하여 부산행 야간 열차를 탔는데 옆좌석에 동갑내기 아가씨가 앉아 있었다. 서로 행선지와 여행 사유를 문답하였는데 그녀는 무학여고를 졸업하고 당시 이대 부속병원의 간호사로 일하고 있었으며 부산에 있는 육군 제2기지 사령부에서 근무 중인 오빠를 면회하고자 부산에 초행길로 가는 중이라고 말했다. 나는 김해 비행장을 가는 길이어서 일단 구포역에 같이 내려 여관에 짐을 맡겨 놓고 부산으로 동행하여 도와주기로 하고 버스를 타고 부산으로 갔다. 어둠을 헤쳐가며 묻고 물어가며 기지 사령부를 찾아갔으나 그 당시 기지창은 대화재로 전소되고 여기저기 연기만 나고 있었다. 오빠 면회를 포기하고 구포로 되돌아가기 위해 부산역으로 갔으나 밤 12시 발 서울행 군용 열차밖에 없었다. 그나마 다행으로 생각하고 무작정 같이 타서 객실에는 못 들어가고 객차연결판 위에 서서 공군 파카를 같이 덮어쓰고 찬바람을 막았다. 구포역에 도착하자 정해 놓은 여관을 찾아가 밤을 새우고 나 홀로 김해 비행장으로 가서 소정의 등록을 마치고 아침 열시가 지나 구포 다리를 건너 여관으로 돌아왔다. 그녀는 기다리다 못해 김포 다리까지 마중을 나왔고 나를 만나자 무척 반가워했다.

그녀를 서울로 떠나 보내고 김해비행장으로 돌아가서 소정의 특기교육과정을 수료하고 1955년 초 경기도 오류동에 있는 공군 제20 특무전대 기지 보급관으로 초임지 발령을 받았다. 주 임무는 휘발유를 비롯하여 피복 등 부대원을 위한 모든 군수 물자를 적기에 공급하는 일이었다. 6개월 근무 후 같은 지역에 있는 공군 제23 첩보대로 전속되었으며 다음에는 대구 효성여대에 주둔하고 있는 공군본부 군수국 장비과로 전속되어 대구 남산동 형님 댁에서 출퇴근하고 있던 중 영등포 대방동에 신축 중이던 공군본부 신청사의 준공으로 서울로 이동하였다.

이곳 공군본부에서 근무하던 중 십이지장궤양으로 공군 병원(106 기지 전대)에 입원 치료 후 1956년 수색에 있는 국방대학원 공군부총장 전속 부관으로 파견되었다. 당시 총장에는 육군 소장 박임항, 해군부총장에는 이성호 해군 준장이 있었으며 공군부총장은 이왈준 공군 대령이었다. 대학원에는 제1기(파일럿 코스) 원생들이 교육받고 있었으며 그중에는 송요찬 강문봉 등 원장보다 계급이 높은 장성들과 고급 공무원도 있었다. 공군 출신으로는 노영신 대령과 정영진 중령 등이 수강 중에 있었으며 강사는 국내외를 막론하고 저명한 인사를 초빙하여 수강했다.

전속 부관이란 직책은 때와 장소를 가리지 않고 상관의 필요에 만전을 기해야 하므로 이왈준 부총장 자택(종로구 계동)에 기숙하고 있었다. 이왈준 부총장은 과거 심계원장(현 감사원장)을 지냈으며 장덕창 당시 공군참모총장의 초청으로 현지 입대한 분이었다.

나는 휴학 중인 대학 과정을 마칠 생각으로 제대상신을 하였으나 국방부에서 만기연한 미달로 부결되자 1958년초 수원 비행장에 있는 공군 제10 전투비행단으로 전속 발령되었다가 동년 2월 20일경 임관한 지 3년 6개월 만에 만기 예비역으로 편입되었다.

1954년 9월
공군기술장교 과정을
수료하고
공군 소위 임관 후
첫 사진

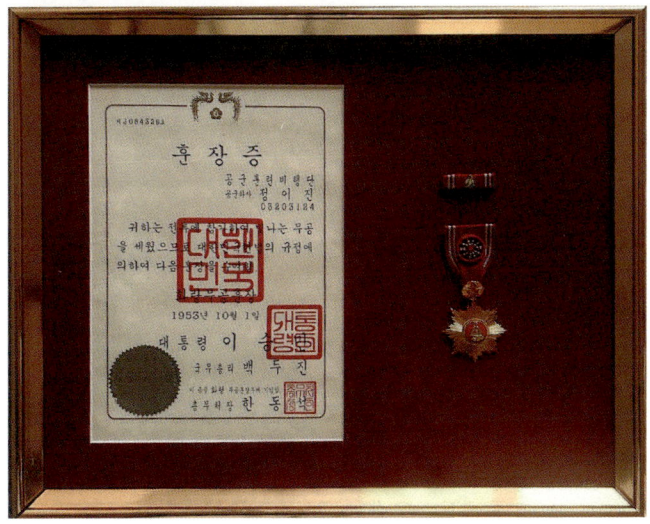

무공훈장

1955년 국방대학원 공군 부총장 전속부관시절 운전기사와 함께

1955년 국방대학원 공군부총장 전속부관시절.
계동사택에서 부총장 아들형제와 함께

사중구활(死中求活)의 기적 - 6.25 전쟁을 중심으로

공군 현역시절

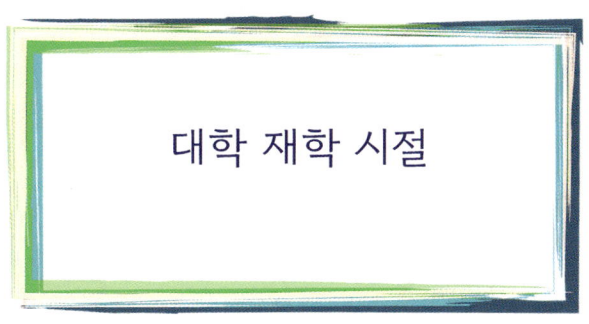

대학 재학 시절

　이때부터 내가 휴학 중이던 한국외국어대학 근처에서 하숙을 하며 학업을 계속하게 되었으나 고학생에게는 어려움이 많았다. 그중에서도 등록금 마련이 가장 큰 문제였다. 한 번은 하숙집 노인이 몇 년 동안을 못 받고 포기 상태에 있는 채권이 있다고 하길래 내가 그것을 해결해 주면 그 대가로 주인이 등록금을 납부해 주기로 하였다. 수원지방법원에 민사소송에 의거한 채권 반환 소송을 제기하였던 바 마침 법원장이 선친과는 둘도 없는 친구 사이여서 전후 사정을 용이하게 설명드릴 수 있었다. 민사업무란 쌍방 합의 처리가 원칙인데 채무자는 법원과의 합의마저 여러 번 어겼기에 여러 번의 차압 과정을 거쳐 어렵게 장기채권을 회수하고 그 덕에 학교 등록금도 1회 납부할 수 있었다.

1958년 2월 공군현역에서 제대하고 고향에 내려가서 부친께 인사한 자리에서 부친께서 영주의 유지이자 부친과는 죽마고우인 김태두씨를 뵙고 인사드리고 오라는 분부가 있어 찾아뵈었더니 그 자리에서 따님과의 혼사를 기정사실로 말씀하시기에 나는 뜻밖에 처음듣는 일이라 결혼할 여건이 미비하여 확답이 어렵다고하고 귀가하였다.

대학 2학년 재학 중인 1958년 5월 8일 선친의 중매로 당시 예천읍장(이만영)의 6녀 이의문과 결혼식을 올렸다. 결혼식에는 공군 동기생 '동길' 전우와 '한근이' 전우 2명이 들러리를 서 주었다. 결혼한 후에도 신혼생활을 꾸밀 여건이 되지 않아 독신 하숙생활을 하다가 1959년 9월 신부가 상경하여 본인 하숙집에서 신혼생활을 시작했다. 우리 내외는 이문동 집에서 학생들 하숙을 치며 대학 졸업식을 맞이하였다.

1958년 경북 예천 읍회의실에서 국회의원 정재원 주례하에 거행된 결혼식장
신랑들러리: 동길 대학 및 공군동기
신부들러리: 노영희 여고동창

얼마 후 넷째 형의 장남(해영)이 덕수국민학교에 입학하자 청진동의 셋방을 얻어 셋이 함께 살다가 무교동 넓은 집으로 옮겨 넷째 형 가족과 다 함께 살았다. 이어서 청량리 적산 가옥을 전세로 이사하였다가 넷째 형이 외국어대학 앞 이문동 주택단지에 있는 집을 사서 함께 이사하였다. 넷째 형수가 청량리로 옮겨가고 우리 내외는 이문동 집에서 구멍가게를 하며 학생들 하숙도 치며 대학 졸업식을 맞이하였다.

대학 졸업반이 되던 해 자유당의 이기붕을 부통령으로 선출하기 위한 3.15 부정 선거에 맞서 고려대학 교수들을 선봉으로 전국 대학생들이 총궐기하여 1960년 4.19 의거를 성공시켰다. 이로써 자유당의 이승만 정권이 몰락하고 민주당의 윤보선이 대통령으로, 총리에는 장면이 집권하게 되었다. 장면 정권은 제일성으로 공직 사상 초유의 '신인 공무원 등용' 공고를 내고 공개시험을 거쳐 만 오천 명이 응시한 가운데 삼천 명을 선발하여 각기 희망에 따라 전문 부서로 임용 배치하였다.

1968년 한국외국어대학교 졸업식 날.
부모님, 가족과 함께 교정에서 찍은 기념사진

사중구활(死中求活)의 기적 - 6.25 전쟁을 중심으로
대학 재학 시절

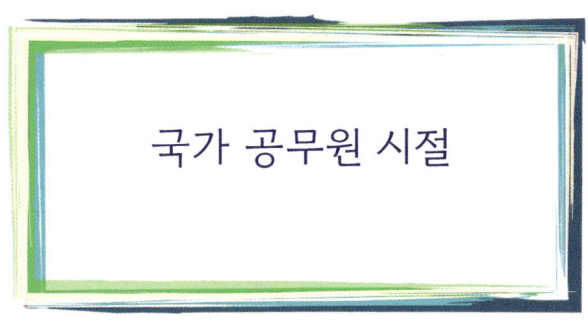

국가 공무원 시절

나는 외교 행정 분야를 희망하였던바 부흥부로 배치되었다가 곧 이은 기구 개편에 따라 1961년 3월 1일자로 '외자청'으로 전속되었다. 그러나 공무원 시무에 앞서 정부 시책의 일환으로 국토개발사업(사방공사)에 동원됨으로써 당시 월간지 '사상계' 대표인 장준하 씨를 본부장으로 하는 '국토개발 추진요원'으로 촉탁되었는데 이들은 전국 각 시군에 10명 내지 20명씩 배치되어 전국 사방사업의 주역이 되었다. 우리 국토개발 추진요원들의 주된 업무로는 사방 사업에 필요한 자재 및 인력 등의 수급상황을 파악하고 사업 진행 현황을 매일 서면으로 작성, 상부에 보고하는 것이었다. 나는 14명의 동료들과 함께 강원도 원성군 원주시에 파견되어 군수님 지도하에 활기찬 사방사업을 추진하여 오던 중 1961년 5월 16일 새벽 우연히 라디오 방송을 듣고 군사혁명 소식을 알게 되었다.

1960년 조달청 재임시 정부 EDPS 교육반 기념촬영

사중구활(死中求活)의 기적 - 6.25 전쟁을 중심으로
국가 공무원 시절

진행 중이던 모든 국가사업은 중단되었으나 다행히 박정희 군사정권에서 장면 정권이 임용한 우리들의 신인 공무원 임용은 원안대로 승인함으로써 각자 발령 받은 부서로 복귀하게 되었다. 나는 1961년 5월 25일 외자청 산하 부산지청으로 배속되어 정부 수요 수입 외자의 하역조작, 보관, 운송 및 이에 따른 사고처리 업무를 담당하게 되었다.

1961년 10월 1일 '외자청'이 '조달청'으로 기구 개편되면서 정부 수요 국내 물자도 구매 조달하는 신규 업무가 신설되자 1961년 11월 23일 신설기구인 내자국(내자과)으로 전근되었다. 백지상태에서 새로이 시작하는 업무로써 관수용 국내 물자를 구매 조달하여야 했으므로 규격을 제정하고 시가조사 및 원가 계산의 과정을 거쳐 예정 가격을 산정했다. 또한 출입업체의 실태조사 및 등록 등 관계 처무규정과 관계 서식을 제정하여 업무 추진에 만전을 기해야했다. 매일 야근 없는 날이 없었으며 박찬희 내자국장과 일거리를 싸 들고 여관에 가서 철야 근무를 한 적도 허다하였다. 내자국에서 8년간 각 과를 순회하며 근무하다가 1969년 7월 고재일 청장이 부임하자 과거 청탁으로 발령해오던 주일 한국대사관 내 구매관 파견을 공개시험에 의거하여 선발하게 되었다. 이에 영어 및 일본어 시험을 거쳤는데 본인이 선발되어 마지막 관문인 총무처 차관의 일본어 회화 테스트를 거쳐 주일 한국대사관(구매관실) 근무가 확정되었다. 나는 미리 가서 주택 및 생활여건을 갖추어 놓고 가족을 초청했었다. 모두 합쳐 7명의 대가족이었는데, 돌 전인 막내딸을 비롯하여 어린 1남 3녀를 데리고 갔으며 도우미 처녀도 동행했다.

1969년 일본대사관 부임 전 결혼 11주년 기념

주일 대사관 근무시절
전세로 살았던
18평 아파트 (메구로 역전) 앞에서
우리 아이 3남매와
신영걸 과장 3남매

1969년 일본 (동경) 대사관(구매관실) 발령을 받고
처음 해외근무를 위해 출국하는 김포공항에 전송나온
어머니, 고모, 형제, 친족들

사무실에는 전하진 구매관과 유치조 과장, 김선홍 사무관, 그리고 현지 채용 이종관 교포와 여직원 1명이 있었다. 당시 국내의 양곡 부족 현상으로 구매관실 본연의 업무 외에 일본 쌀 150만 톤을 긴급 도입하라는 정부 지령에 따라 구매관을 대동하고 일본국 담당 국과장을 만나 일본 쌀 150만 톤을 20년 거치 10년 상환이라는 조건으로 도입 계약을 체결하였다.

일본 쌀 수송을 위하여는 국내 해운업의 육성을 위하여 1000~3000톤 급의 국내 소형 선박을 이용하기로 하였는데 그에 따른 업무량은 상상을 초월할 정도로 방대하였다. 평균 1500 톤급 선박으로 계산하여 150만 톤의 쌀을 수송하는 데는 1000척의 선박이 동원되어야 하며 일본 항만청에서 각 항구마다 선적 준비가 완료된 일시와 물량을 통보받으면 구매관실에서는 우리나라 해운공사에 그 내용을 알린다. 이때는 입항 및 선적에 한 치의 착오가 있어서도 안되며 만에 하나 입항이 늦어지면 항만 업무가 마비된다는 이유로 항의전화가 빗발치듯 난리가 난다. 또한 선박 입항은 제때 하였는데 선적 준비(cargo ready)가 안 되었으면 선주

측에서는 '체선료'의 발생 뿐만 아니라 선박 운영에 차질을 초래한다는 이유로 항의전화가 빗발쳤다. 6개월에 걸쳐 불철주야 전화통에 매달려 문제 해결에 전념한 결과 대과 없이 성공적으로 일본 쌀 도입 업무를 마무리할 수 있었다.

조달청 공로패

주일 한국 대사관에 근무하는 동안 본국 정부의 VIP들 뿐만 아니라 조달청 직원들도 방일하는 경우가 많았는데 그때마다 비행장에 영접 나가는 것은 물론 경우에 따라 그들이 일본에 머무는 동안 수발을 들어야 할 때도 있다. 한번은 고재일 조달청장께서 시찰 차 방일하신 적이 있었다. 당시는 일본운전면허를 취득한지 며칠 안되었을 뿐만 아니라 자동차(폭스바겐)을 구입한지도 오래되지 않았기에 조심스럽게 모셨으나 청장께서는 너무 빨리 달린다고 하셨다. 일본은 좌측통행이라 가끔 헷갈릴 때도 있었다. 차를 산지 며칠 안되었을 때 본국에서 정영진 공군중령 등 공군 선배들이 방일하여 다소 신경은 쓰였으나 새 차로 하코네를 거쳐 후지산까지 2000km나 되는 장거리 관광을 무사히 한 적도 있었다. 그 당시 일본 문명이 우리나라보다 20년이 앞섰다고 하였는데 도회지에서는 별 차이를 못 느꼈으나 일본 농촌 시골을 가보니 우리 시골과는 천지 차이였다. 집집마다 도회지 못지않게 깔끔하게 단장되어 있고, 생활이 윤기가 있어 보였다. 감밭이나 밤밭에 가면 현장에서 먹는 것은 공짜이고 갖고 가는 것만 계량기에 달아 수금하곤 하였다.

사중구활(死中求活)의 기적 - 6.25 전쟁을 중심으로
국가 공무원 시절

1969년
종씨이자 공군선배인
정영진 (**丁永鎭**)
중령이 방일하여
구입 신차로
하꼬네와 후지산 등
원거리 유원지를
드라이브 여행할
당시

　주일대사관 근무 중 박정희 대통령의 스승이자 가장 존경한다는 엄민영 대사의 현직 중 별세도 겪었으며, 한국정부에서 일본측과 재일교포를 위한 협정영주권(7년 이상의 징역형을 받기 전에는 추방할 수 없으며 건강보험 및 세제혜택 등 일본에서 살고 있는 우리 교포들에게는 필요불가결한 것)을 추진할 때, 이를 잘 모르는 교포를 위하여 대사관

직원 모두가 직접 교포 자택을 방문하여 취지를 설명하고 원할 시에는 현장에서 사진을 촬영하고 신청서에 인감을 찍어 관할 구역소(区役所)에 제출할 수 있게 하였다. 조총련계 인사들은 우리를 문전박대하며 현관에 들어서지도 못하게 하였다. 대사관에서 이를 추진한 결과 우세했던 조총련과 거류민단의 비율을 역전시키는 대성과를 거두었다.

우리 교포들은 대부분 가난하게 살거나 문제가 있는 이들이 많이 이주하였으므로 일본사람들로부터 천대를 받았다. 직업은 성공한 케이스가 세탁소 아니면 택시 운전사들이었으며 넝마주이도 많아 일본 정부에서 큰 건물을 지어 단체로 수용하였다. 반면 교포 중 부동산업을 하여 대재벌이 된 경우도 있었다. 나는 시내 메구로 역전에 있는 18평 아파트에 살았는데 일본 사람들은 정직하고 검소하여 대형 아파트는 찾아보기 어렵고 대부분 20평 내외였다.

일본 주재 한국대사관(구매관실)에서 근무했을 때 기억에 남는 한 가지를 꼽아보자면 오사카(大阪)시에서 개최한 세계 산업박람회 EXPO70 참관이었다. 1970년 6월 구매관실의 유치조 과장 가족 5명과 우리 가족 3명이 유 과장 벤

츠 차로 오사카로 향발하였다. 세계 최첨단의 전자 기술 및 과학 발전 시대를 달리고 있던 일본이라 EXPO 현장은 처음 보는 전자영상으로 휘황찬란하게 장식되어 있어 별천지 같은 느낌이 들었다. 우리 한국관은 초라한 자동차 한 대가 전시되어 있을 뿐이었다.

오사카 70세계 박람회 참석한 유과장 가족 5명과 우리가족 3명

EXPO를 참관하고 나서 주변에 있는 명승지인 교토(京都)시와 사슴공원이 있는 나라(奈良)시 등 여러 곳을 구경하였다. 교토는 동경 이전 일본의 수도였는데 도요토미 히데요시(豊臣秀吉) 수장을 봉사하는 오사카쵸(大阪城)가 유명하다.

일본 오사카 70 세계
박람회에 참석한
유과장 가족 1명과
우리 가족 2명

 동경대사관으로 귀환 후 6개월을 더 근무하고 1971년 초, 예기치 못한 채 조달청으로 원대 복귀하였으며, 다음 해인 1972년에는 사무관(5급 공무원) 승진 시험을 거쳐 인천지청 업무과장으로 초임 발령되었다. 1974년 6월 본청 시설 계약과로, 1975년 7월 내자 가격과로, 1976년 7월 재차 시설 계약과를 거쳐 1978년 4월 서기관(4급 공무원)으로 승진 후 인천지청에서 근무하던 중 1979년 10월 26일 박정희 대통령 시해 사건이 있었다.

사중구활(死中求活)의 기적 - 6.25 전쟁을 중심으로
국가 공무원 시절

같은 해 12월 26일 말레이시아 주재 한국대사관(구매관)으로 해외근무를 발령받았다. 관내 구매관실은 새로이 신설된 기구로써 사무실을 설치하는 일에서부터 타이피스트, 운전기사 채용 등 업무 수행에 필요한 요건을 갖추고 행정사무처리에 지장이 없도록 만전의 준비를 하여야 했다. 구매관의 주 업무로는 수시로 변동되는 말레이시아산 생고무와 주석(tin) 등에 대하여 국제 시세를 조사 파악하여 조달청에 매달 1일 보고하는 것과 말레이시아 구매관 관할지역인 동남아에 소재하고 있는 외국기업들을 대상으로 정부 수요 외자부품을 구매하는 것이었는데 실적으로는 Catafila 지사 및 MTU 지사 등이 있다. 또한 기억에 남는 구매 실적으로는 태국산 찹쌀 1만 톤 구매 지시가 있어 견적 입찰에 부친 결과 태국정부 수출 규제 가격보다 10%(약 30만 불) 염가로 구매한 바 있다.

그 당시 태국 정부에서는 양곡 수출가격을 규제해 놓고 그 이하 가격으로는 수출을 금지하고 있었다. 최저 가격 입찰자인 Chaiyapon 양곡 거래업자는 인상된 현 규제가격을 모르고 저가입찰하였던 바, 태국정부에서 수출허가 불가로 어려움이 많았으나 국제법이 국내법을 우선한다는 주장으로 규제가격 이하로 계약체결에 성공하였다. 구매관 업무는 날이 갈수록 업무량이 많아져 혼자서 감당하기엔 벅찼는데, 최호중 대사께서도 구매관실 업무가 생각보다 업무량이 많다고 한 바 있었다.

1972년
조달청 기우회 (바둑)
회장 시절.
대회광경.

1993년
조달청 바둑대회에서
우승자에게 상품을
수여하고 있다

사중구활(死中求活)의 기적 - 6.25 전쟁을 중심으로
국가 공무원 시절

1980년 전두환 대통령이 취임하자 외화절약의 일환으로 해외 주재관 TO를 대폭 삭감하게 되었는데 최 대사께서는 말레이시아 구매관실의 존속을 위하여 본국으로 출장하여 외무부 심사를 통과시켰으나 국가보위부 최종 심사에서 탈락되고 말았다. 무에서 유를 창조한 구매관실은 모든 업무가 정상궤도에 올라 성과를 발휘하게 된 1881년 4월, 부임한지 1년 4개월 만에 원대복귀 귀국하기에 이르렀다. 귀국하자 통일연수원에서 안보교육을 받고 정부 각 기관을 순회하면서 전달 교육을 실시하였다.

1981년 말레이시아 대사관에서 귀국,
미국 뉴욕 총영사관 가기 전 강남구 청담동 삼익 아파트에서
어머니 82세 되던 해

1981년 크리스마스 이브.
말레이시아 대사관 근무를 마치고 귀국하여
청담동 삼익 아파트에서 어머님 모시고 핵가족 사진

　교관 생활 1년여 만인 1982년 8월, 나의 말레이시아 구매관 근무 중 입은 경제적 피해와 구매관 근무경력을 인정받아 미국 뉴욕 주재 한국 총영사관(구매관실)으로 전속 발령을 받게 되어 이화여대 재학 중인 둘째 딸만 남겨놓고 다섯 식구가 도미하였다. 그 후 반년이 지나 둘째 딸도 가족 품으로 합류할 수 있게 되어 1남 3녀를 큰 부담 없이 미국 유학을 시킬 수 있게 됨을 큰 축복으로 생각했다. 일본, 말레이시아 구매관실에서 근무한 경험이 있어 업무상 어려움은 없었으나 말 못 할 스트레스가 많았기에 하루빨리 귀국하고 싶다는 생각이 많이 들었다. 주말에도 나이아가라 폭포를 구경한 것이 전부였을 만큼 그곳에서의 삶은 녹록지 않았다.

해외근무 시절을 돌이켜보면 복무 기간은 짧았으나 말레이시아 대사관 근무 시절이 가장 즐거웠다. 동부 해안에 있는 '콴탄'에 가서 본 바다거북이 모래사장에 올라와서 알을 낳아 묻고 가는 광경과 열대지방에서도 긴팔 옷을 입어야 한다는 '겐틴하이랜드' 유원지 관광은 즐거운 추억으로 남아 있다. 관내에는 외무부 외교관 외에 무관, 공보관, 건설관, 구매관이 있었는데 그들과는 귀국 이후에도 30년이 넘도록 매달 친목 모임을 하고 있다.

뉴욕 총영사관 재직 중 1983년 11월(음력 10월 13일) 모친상을 당하여 일주간의 짧은 휴가로 장례식을 마치고 업무에 복귀하였다. 불효한 자식이 된 것이 원망스러울 뿐이었다. 1984년 초에는 그간 혼담이 오고 가던 세기냉동(주) 회장 장남 원하연과 맏딸 혜경과의 약혼식을 맨하탄에서 올렸고 이어서 1984년 6월 1일 명동성당에서 결혼식을 올렸다. 식장에는 김주호 청장을 비롯하여 국 과장 직원 여러분이 참석해 주셨다. 결혼식을 마치고 뉴욕 임지로 돌아가서 1년 반 넘게 근무를 더하고 1986년 2월 본청 물자 지도과장으로 보직되어 3년 6개월간의 뉴욕 근무를 마치고 귀국하였다.

1989년 독립기념관 오픈하는 날
아내, 아들, 막내 딸과 함께

물자 관리 과장으로 있는 동안에는 정부 물자 절약을 위한 선전 영상 필름을 제작한 것이 기억에 남는다. 1989년 5월에는 국장 후보자 교육을 받고 승진을 바라고 있던 중 1990년 12월 6일 대전 국제무역 산업박람회(EXPO93) 조직위원회로 파견 발령되었다. 코엑스 사무실에서 1년 동안 개최 준비 작업을 하고 1992년 대전 대덕동 EXPO 개최 현장으로 이동하여 본연의 업무를 시작하였다.

이는 대전시 대덕동 27.3만 평 부지 위에 8,000억 원 상당의 사업비를 들여 국내 및 외국전시관 26개 동을 건설하는 우리나라 초유의 대규모 국제행사로써 나는 사업비 총괄 지출관으로 조달부장 직책을 맡아 우량 물자를 적기에 염가 구매함으로써 총 사업비의 10%인 800여억 원의 예산을 절감한 바 있었다.

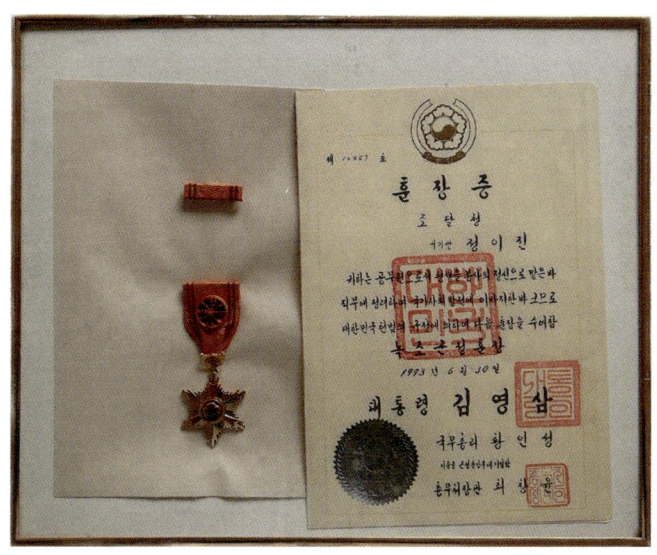

조달청 재직 중 받은 훈장

대전 엑스포 93에서 근무하던 시절 추억에 남는 즐거웠던 일은 골프친구 4명이 함께 한 1991년 12월 1일 강남에 있는 한성CC에서의 골프 경기였다. 그날따라 성적이 아주 부진하다가 서코스 7번 홀 150m 거리의 par3 쇼트 코스에 다다랐다. 당시 그곳에서는 홀인원이 다소 용이한 쇼트 코스에서의 홀인원은 일본 등 가까운 관광지에 항공권을 상품으로 주기로 하고 있으나 서코스 7번 홀은 장거리일 뿐 아니라 그린이 경사져 있고 홀은 오른쪽 높은 곳 끝에 위치하고 있어 홀인원이 많이 어려운 곳이라 하와이까지 일등석 항공권 2매를 상품으로 준다고 고지하고 있었다.

　티업이 내 차례가 되자 5번 아이언을 잡고 Fantom No. 4번 공을 힘없이 내리쳤다. 그러고는 4명 한 팀은 그린 쪽으로 다가가서 자기 챙겼다. 그런데 이상하게도 내 공이 그림 위에 보이지 않았다. 그때 그린 주변에서 풀을 뽑고 있던 아낙네들이 손짓으로 공 하나가 홀 안으로 들어갔다는 것을 알려 주었다. 생각지도 못한 일이었다. 한성CC 홀인원 명단에 등재되었고 캐디에게는 한복 한 벌을 선물했다. 훵텀 공 회사 등 관련 업체로부터 푸짐한 상품도 받고 한성CC에서

사중구활(死中求活)의 기적 - 6.25 전쟁을 중심으로
국가 공무원 시절

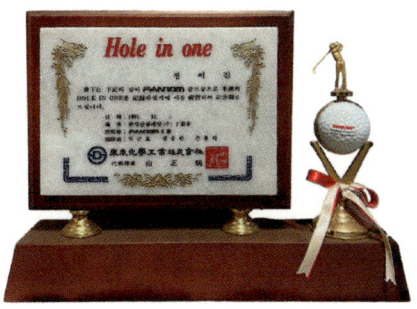

홀인원 기념패

는 돌에 새겨진 기념패를, 동료들도 기념패 하나씩을 선물해 주었다. 생각하면 할수록 기적과도 같은 행운이 내 생애에 나타난 것이었다.

 사무실 일이 많아 여행을 포기할 생각도 했으나 주위에서 기회를 놓치지 말고 다녀오라고 권유하여 1991년 12월 중순경 하와이 다음으로 큰 섬인 마우이섬에 있는 인터콘호텔에 5박 6일간의 숙박 예약을 하고 안사람과 같이 1등석 항공권으로 즐거운 여행길에 올랐다. 호텔은 맑고 경치 좋은 해변가에 있어 해수욕을 즐길 수 있었고, 우리가 체류하고 있는 동안 호텔에서는 바비큐 먹거리 대행사도 있었다. 호텔 뒤 정원에 한 평 정도의 땅을 2m 정도 되는 깊이로 파서 장작불을 때고 숯불 위에 통돼지를 올려놓고 모래를 덮은 다음 물을 부어 24시간을 기다렸다가 행사 날에 맞춰 입장객에게 무료로 서비스를 하고 있었다. 길고도 짧았던 마우이 여행을 즐겁게 보내면서 마음속에 또 하나의 추억 한 페이지를 장식할 수 있었다.

 기억에 남는 또 한 가지 즐거웠던 일은 스페인 바르셀로나에서 열렸던 세계 박람회 참관을 말할 수 있겠다. 우리

'93 대전 EXPO 보다 1년 먼저 개최한 바르셀로나 EXPO를 견학하기 위해 나를 포한한 6명의 직원들이 1992년 4월 23일, 스페인을 향해 출국하였다.

스페인은 부유한 나라여서 모든 것이 여유 있어 보였다. EXPO 현장도 넓고 모든 시설물이 윤택해 보였는데, 이때의 견학은 '93 대전 EXPO' 개최에 많은 참고가 되었다. 스페인은 물가도 비싸지 않으며 특히 가죽제품이 저렴하면서도 유명하였다. 스페인 하면 생각나는 투우 경기와 플라멩코 춤도 관람하였다. 여행을 하면서 스페인 남자들의 성격이 과격하고 화끈하다는 것도 느낄 수 있었다. 스페인 여행 덕분에 인근 국가인 프랑스 파리에서 에펠탑도 참관하고 영국 런던도 관광할 수 있었다.

1993년 말 'EXPO 93' 개최를 성공적으로 마치고 1994년 2월 EXPO 청산단의 총무부장으로 마무리 업무에 이바지하였다.

1996년 5월 재단법인 조우회에서 대의원을 마지막으로 직장 생활을 마무리하였다. 직장에서 은퇴한 후 88 올림픽 패밀리 아파트에서 살면서 고향 친구들과 해외여행을 많이 다녔다. 관부 연락선을 타고 시고쿠 규슈를 관광하였으며 일본 유명 온천 중 한 곳인 벳푸 온천욕을 즐겼다. 다음으로는 중국관광에 올라 베이징에 있는 만리장성을 걸어서 감상하고 자금성과 고궁을 관찰하고 서안으로 가서 진시황릉을 감상했다. 그것은 왕릉이 아니라 한 산봉우리였다. 그 지하에 매장되어 있는 것이 무엇인지는 지금까지도 세계의 관심사가 되고 있다. 인공호수인 만경호는 바다같이 넓었고 그 토량으로 옆에 쌓아놓은 것은 인공야산인 만주산이었다. 지금 생각해보면 상상을 초월하는 불가사의가 아닐 수 없다. 이후 소주, 항주를 거쳐 상해에 들렀으나 현대식 건물을 보이지 않고 개발공사가 한창이었다. 다음은 항공기를 타고 멀리 떨어져 있는 계림으로 갔다. 계림은 자연경관이 뛰어난 곳으로 20~30m 높이의 산봉우리가 수천 개나 솟아 있고 앞에는 이강이 흐르고 있는 명소였다. 미국의 레이건 대통령이 방문해 보고는 세계에서 처음 보는 아름다운 곳이라는 찬사를 아끼지 않았다고 한다. 나는 중국에서 미술을 공부하는 대학생이 그렸다는 풍경화를 기념으로 한폭 샀다.

그 다음에는 미국관광을 갔는데 미국 굴지의 명소인 그

레이트 캐년을 구경하고 자연의 신비에 감탄하였다. 이어 서부쪽의 명소인 요세미티 국립공원으로 갔다. 이곳에는 폭포수도 있고, 한 덩어리로는 세계에서 가장 큰 바위가 있었는데 이는 세계 기네스북에 올랐다고 한다. 다음 행선지는 라스베가스였다. 휘황찬란한 조명 장치와 음악, 그리고 끝없는 볼거리가 귀와 눈을 즐겁게 하였다. 다음 행선지는 금은광산으로 유명한 네바다로 가서 구경을 하고 화석 같은 기념품도 샀다.

1998년 2월에 이주하였다. 2002년에는 미국에 거주하는 둘째딸과 사위가 방한하여 함께 말레이시아 (페낭 등) 관광을 즐겼다

1998년 공무원 만기 퇴직 후 경기 광주에서
직접 처음 건축한 전원주택에서

1998년 경기 광주 지월리 전원주택에서 66회 생일기념

1999년 여름, 미국에 사는 셋째 딸 내외와 같이 인도네시아 발리에 관광여행을 갔다. 야생원숭이가 많은 산이었는데 모자, 안경 등을 원숭이가 탈취해 가니 조심하라는 광고가 수없이 나왔다. 조심하고 있었으나 원숭이가 번개같이 덮쳐 안경을 탈취하여 먼 산속으로 도망가 버렸다. 단념하고 있던 차, 안내원이 20불만 주면 찾아 준다기에 20불로 먹이를 사서 안경과 바꾸어 찾게 되었다. 경영자와 원숭이가 같이 벌어먹고 사는 것 같았다.

귀국 후 88올림픽 패밀리 아파트를 처분하고 경기도 광주시 초월읍 지월3리 761-8 단지 택지를 구입해서 단독주택을 신축하여 1998년 2월에 이주한 후 십 년을 살다가 IMF 당시 인근에 있는 공터를 매입하여서 2010년 2번째로 전원주택을 신축하고 13년째 텃밭을 가꾸며 살고 있다. 화단의 꽃을 감상하며 이웃 친구도 사귀고 파크 골프도 치며 건강관리에 유념하며 살고 있다.

파크 골프를 즐기는 일상

2002년
미국거주 둘째 딸과 사위가 방한하여
같이 말레이시아 (페낭 및 쿠알라룸푸르)
관광을 즐겼다

막내딸 내외 미국서 방한.
같이 말레이시아 관광.
삼성건설에서 신축한
초고층 건물을 배경으로

사중구활(死中求活)의 기적 - 6.25 전쟁을 중심으로

맺음말_ 인생을 아름답게 마무리하는 이의 행복

고령자가 가장 많은 일본 고령자를 대상으로 그 원인을 조사한 결과 가장 공통된 것이 노년의 텃밭 가꾸기였다고 한다. 나는 이에 전적으로 수긍한다. 내가 13년 넘게 채전을 가꾸며 무공해 야채를 먹고 꽃밭에 수목을 심어 눈과 코를 즐겁게 했기에, 그리고 하루도 일없는 날이 없이 몸을 움직였기에 지금까지도 비교적 건강한 육체를 유지하는 것 같다. 나는 항상 감사와 만족으로 살고 있다. 지족상락(**知足常樂**), 만족함을 알면 항상 즐겁다는 사자성어는 건강에 좋은 말인 것 같다.

그러나 인생살이란 마냥 평탄하지만은 않은 것 같다. 6.25 때도 수없이 많은 사경을 겪었지만 지금부터 6년 전인 2017년 말경 무서운 병마를 또 겪었다. 독감이 폐렴으로 발전하여 광주 단골내과에서 엑스레이 촬영 결과 폐 전체가 염증으로 희게 덮였으니 뒤도 돌아보지 말고 큰 병원으로 바로 가라며 입원 의뢰서까지 써주었다. 분당 서울대병원으로 직행하여 2주 동안 입원 치료 후 퇴원했으나 3~4일만에 재발하여 같은 병원에 2차 입원하고 2주 동안 치료 후 퇴원하였으나 다시 재발하여 새벽 3시에 119를 불러 서울대병원

본원으로 가서 3차 입원하고, 거기서도 2주 치료 후 퇴원하였으나 3~4일 만에 재발하여 4번째 같은 병원에 입원하였으나 병세가 악화되어 중환자실까지 갔었다. 안사람과 외손녀 원지영의 극진한 간호로 다행히 사경을 넘기고 앰뷸런스를 타고 강북삼성병원 일반병실로 가서 5번째 입원하게 되었다. 여기에서도 2주 동안 치료를 받고 녹번동에 있는 아들 아파트로 퇴원하였다.

   거기서 일주일 이상을 휴양하면서 아들은 물론 며느리 황미나의 지극한 정성으로 식욕도 돋군 후 안심하고 광주 집으로 귀가했다. 그러나 아니나 다를까 며칠 후 또 다시 재발되어 강북삼성병원 응급실을 통해 6번째 입원을 하게 되었다. 2주일 치료 후 퇴원시키면서 집에서 당분간 산소마스크를 하라고 해서 산소 대여업체를 통해 1달 동안 산소를 이용한 결과 그 이상 재발은 없었다. 이와 같이 사경(死境)을 헤메고 있을때 위로와 쾌유를 빌어준 성남교회 여전도회 회장 손금주 권사님과 회원 일동, 그리고 병원을 옮길때마다 한번도 빼놓지 않고 3번을 문병하여 건강회복을 기도해준 이윤상 부목사님은 잊어지지 않는다.

사중구활(死中求活)의 기적 - 6.25 전쟁을 중심으로
맺음말_ 인생을 아름답게 마무리하는 이의 행복

이젠 모든 병마와 액운을 모두 겪었으니 여생은 건강과 화평만 있을것으로 믿고 기대한다.

오랫동안 기다리던 손자도 보았고 1958.5.8일 결혼한 지 60년이 된 2018.5.8 회혼까지 겪었으니 행운아라 자처하고 있다. 회혼식은 충무로 필동에 있는 "한국의 집 (Korea House)"에서 12:00에 시행되었으며 전통한식으로 초혼때와 같았다. 식이 끝나고 식당에서 신랑인사에 이어 내빈 축사가 있었다. 하객은 모두 80여명이 참석해 주셨으며 가족으로는 아들내외, 손자손녀 5명과 미국에 거주하는 딸 3형제와 사위, 외손자, 손녀 등 11명이 참석하였고, 형제 조카들 20명과 처족들 24명이 참석 축하해 주었다.

같은 가족간에도 몇년동안 오랜세월을 못 보고 지나다가 만나보게 되니 기쁘고 즐거움은 비할때가 없는것 같았다.

끝으로 회고록 편집출판을 위하여 타이핑에서부터 관계 자료수집, 사진촬영 등 총괄업무를 맡아준 며느리 황미나 박사의 노고를 치하한다.

| 맺음말 |

인생을 아름답게 마무리하는 이의 행복

그동안 살아오면서 모든 병마와 액운을 극복한 뒤 구순을 넘긴 고령에도 건강을 회복하고 천윤지락을 누리고 있으니 이는 하나님과 선조님의 보살핌이 있었던 것으로 느껴진다. 이제는 아들 딸 2세를 비롯하여 손자 손녀 3세까지 두루 갖추었으니 더 이상 바랄 것이 없다. 인생을 마감하는 것도 복중의 하나라고 하니 마지막 죽는 복이 있기를 원한다.

나는 일생 중 70~80대의 경륜을 지난 90대야말로 인생을 마감하는 회개와 감사가 좋은 연대를 이루는 시기라고 생각한다. 우선 우리가 국가와 사회로부터 받은 은혜를 잊어서는 안되며, 매사에 긍정적이며 감사와 사랑을 베풀며 행복을 누리고 사는 것이 생활화되도록 노력하여야 하겠다. 혹자는 노년기가 일생에서 가장 행복한 때라고 했다. 내가 이 말에 동감하는 이유를 적어보면:

첫째, 타의 제약을 받지 않고 만사가 자유롭다
둘째, 시간과 경제에 여유로우며
셋째, 친구의 귀중함을 깨닫는다
넷째, 욕심이 선심으로 변한다
다섯째, 승부욕이 희박해진다
여섯째, 소유욕(물욕)이 없어진다
일곱째, 다소 불만에도 인내와 양보심이 생긴다
여덟째, 이해관계를 떠나 베풀고자 하는 마음이 생긴다
아홉째, 국가와 사회로부터 경로 우대를 받는다

끝으로 범사에 감사하며 타의 지탄을 받지 않는 깨끗하고 아름다운 어르신이란 평을 듣고 싶다는 마음으로 이 글을 마무리한다.

結婚三十週年紀念
1988. 5. 8.

1970년 동경대사관 근무중 조달청 비서관 및 차과장과 구매관실 일동

칠남일녀 가족일동

사중구활(死中求活)의 기적 - 6.25 전쟁을 중심으로
갤러리_ 기록

회혼례 후 가족들과 함께

2018년 5월 8일 회혼례 "서울 코리아하우스"에서

회혼례에서 아들가족과 함께

회혼례 후 평생을 함께 할 아내와 기념촬영

사중구활(死中求活)의 기적 - 6.25 전쟁을 중심으로

갤러리_ 기록

외국여행중
관광지마다 수집한
티스푼 컬렉션

조달청 재직 시
낚시대회에서 탄 대어상 트로피

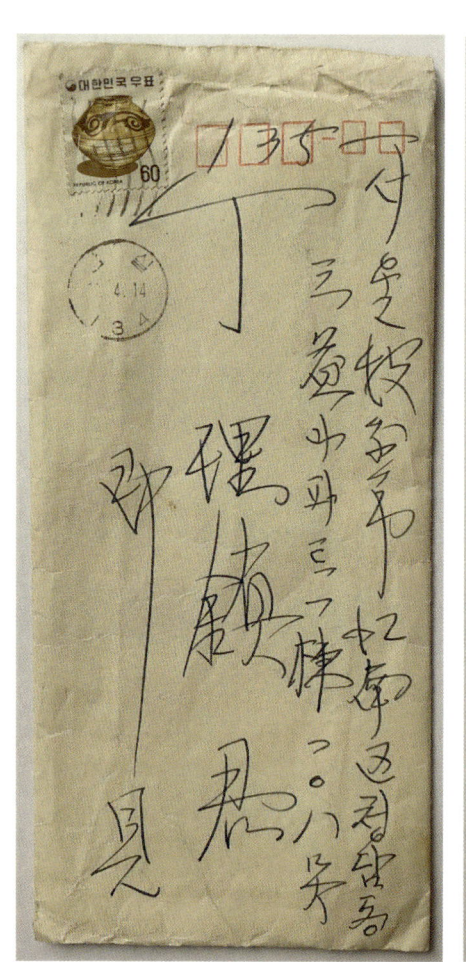
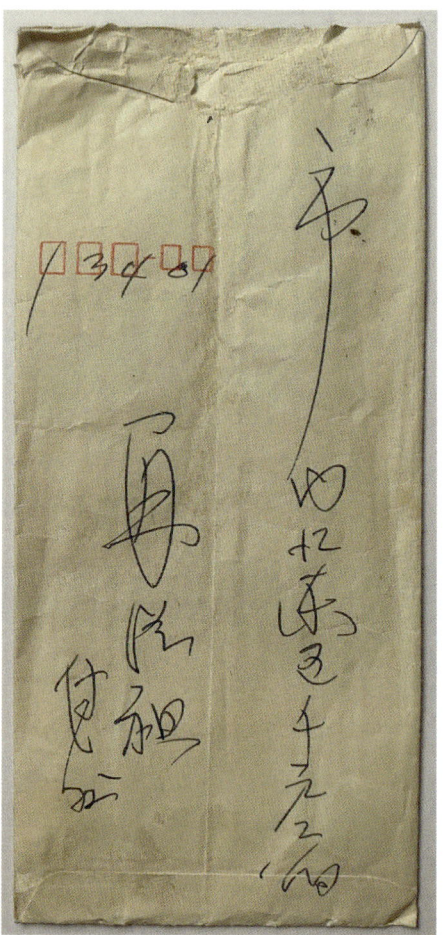

1981년.
말레이시아 대사관 근무를 마치고 귀국하여
서울 강남구 청담동 삼익 아파트에 거주시
재종조부 정회섭(丁會燮) 할아버지가 보낸 명필 친서

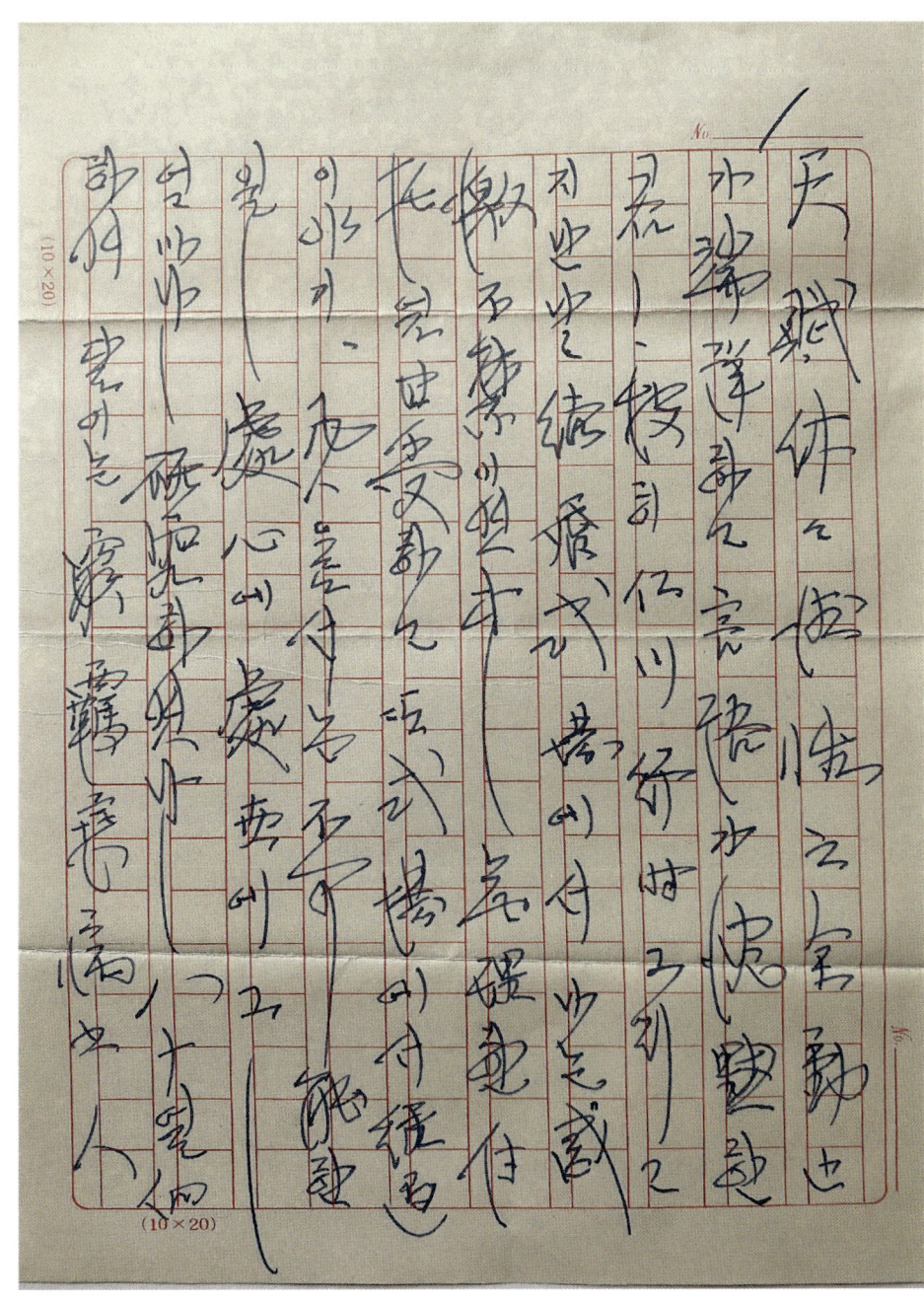

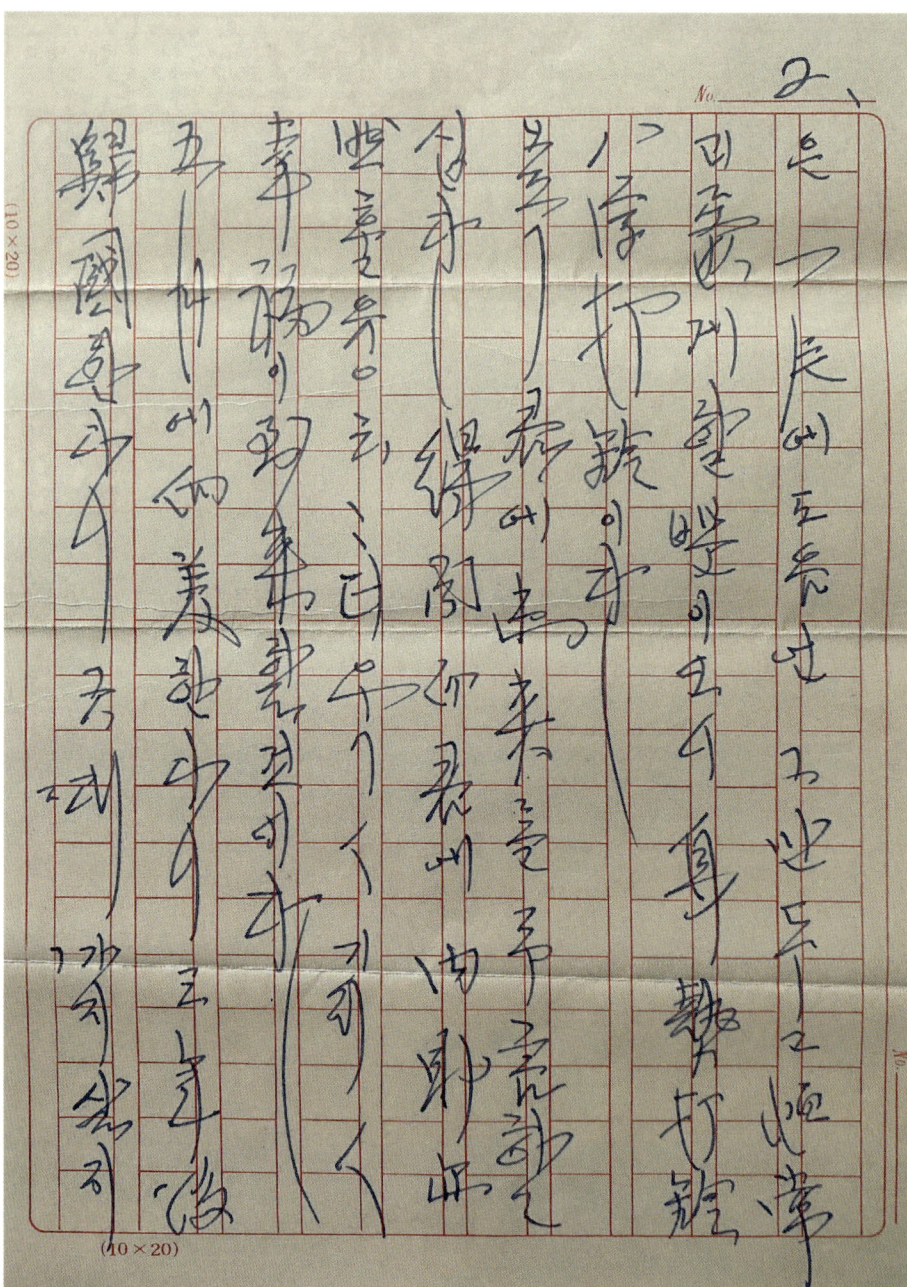

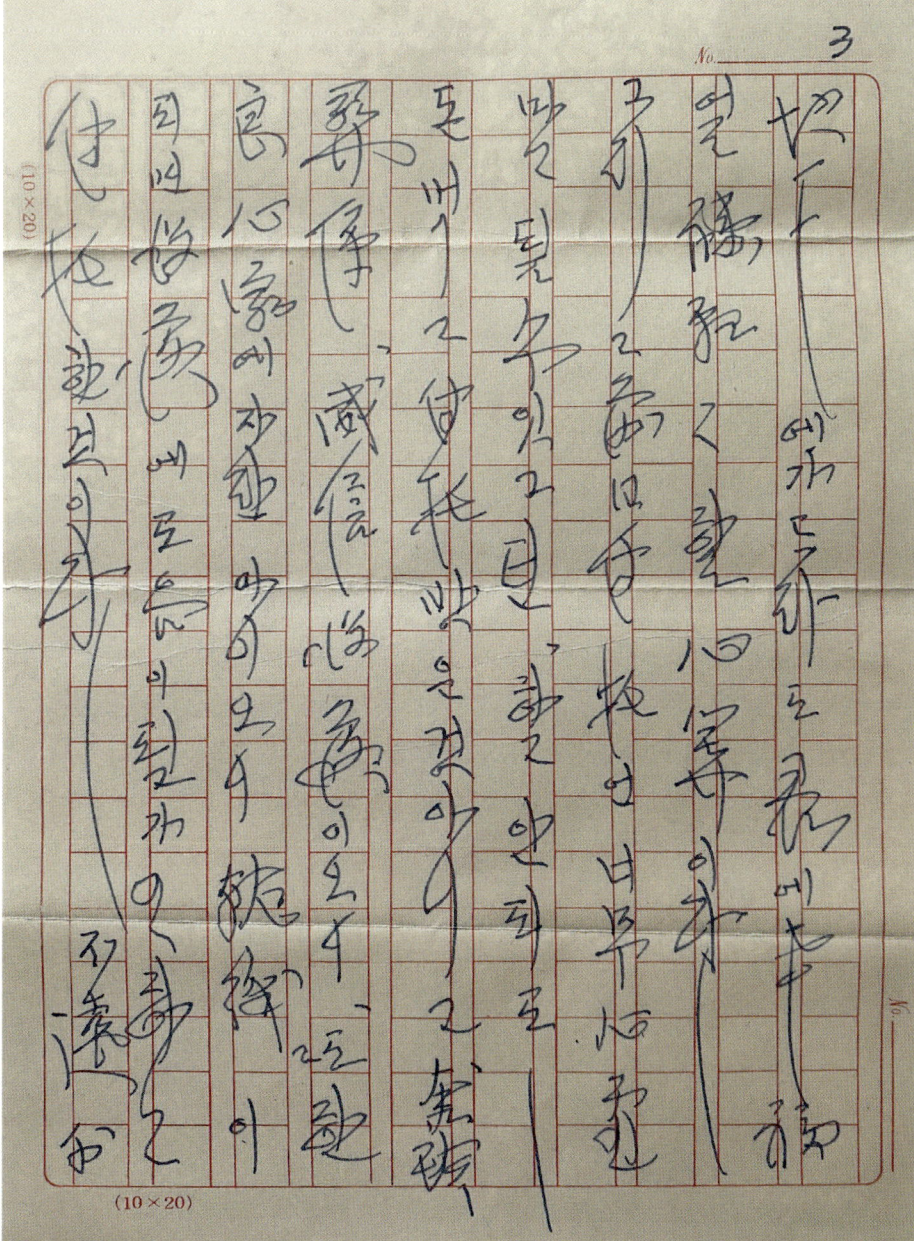

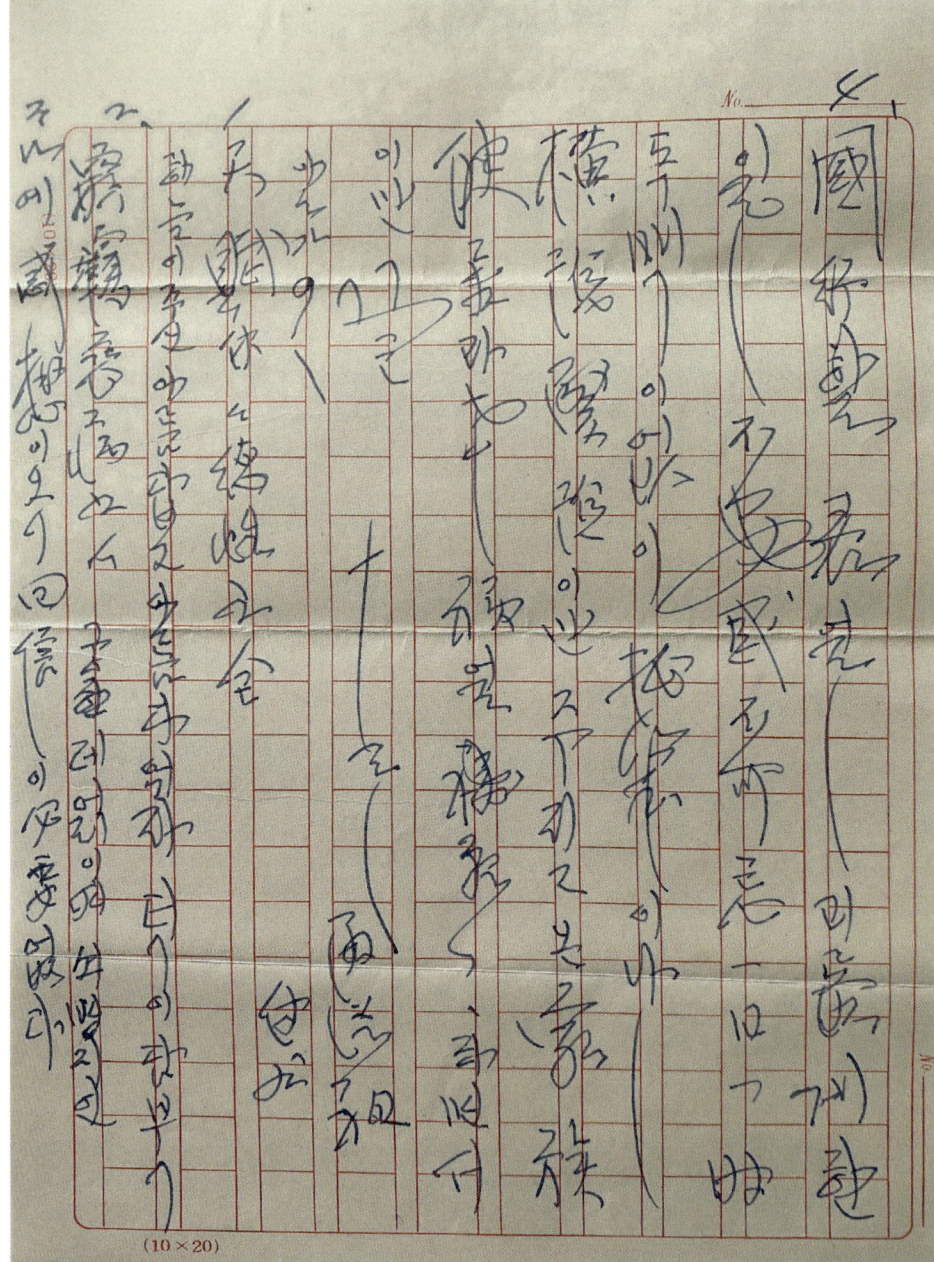

1982. 7. 30.

J 購買官께:

New york으로 榮轉하심을 축하드리고 따뜻한 書信 連絡을 고맙게 생각합니다.

New york은 複雜한 곳이기는 합니다마는 世界商業의 中心地라서 여러가지로 興味있는 곳입니다. 많은 知己들을 하시며 더 즐겁게 지내시기 바랍니다.

이곳은 모두 無事히 잘 지내고 있으며, 큰 變動은 없습니다. 제가 이곳 勤務를 3年 半이 되어가고 있어 이제는 무거워에 지켜가는 느낌입니다.

앞으로 健康하시고 날마다 이만 끄리기 드립니다.

崔浩中 拜

1982년.
말레이시아 대사관에서 근무하다가
미국 뉴욕 총영사관으로 전근 발령을 받고 근무 중
최호중 말레이시아 대사로부터 받은 영전축하 서신

1981년 10월
백부 (구진)께서 필자 막내딸 편지 답장으로 보낸 서신

사중구활(死中求活)의 기적 - 6.25 전쟁을 중심으로
갤러리_ 기록

1980년 9월
본인이 말레이시아 대사관 근무중
숙명대학 입학식 참석차 서울에 와 있는 큰딸 (혜경)에게 전한 편지

1982년 본인 뉴욕총영사관(구매관실) 근무 중 모친께서 본인 내외에게 보낸 편지.
한국에 혼자 남은 둘째딸(이화여대 재학중)이 자주 예방

1982년 뉴욕총영사관 부임 후 어머님이 손자 해탁에게 보낸 편지 답신

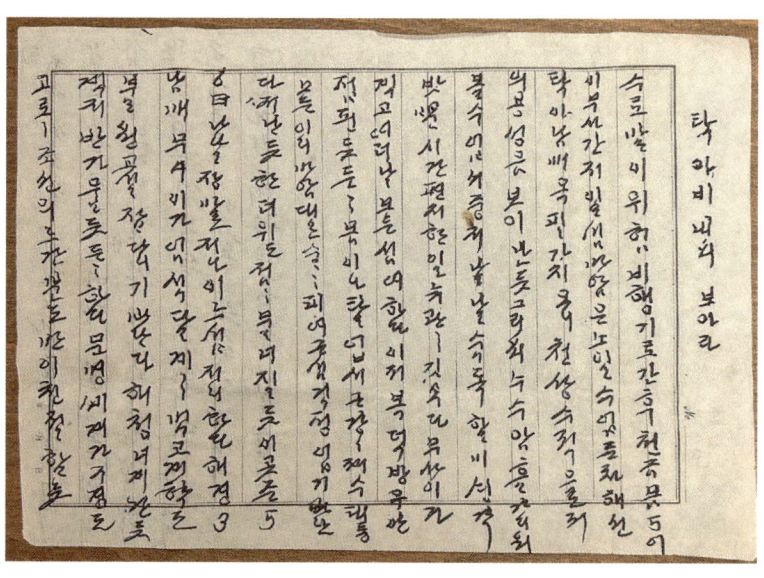

1982년 뉴욕 외교관으로 부임 후 본인 내외에게 보낸 어머님의 집안소식

사중구활(死中求活)의 기적 - 6.25 전쟁을 중심으로

갤러리_ 기록

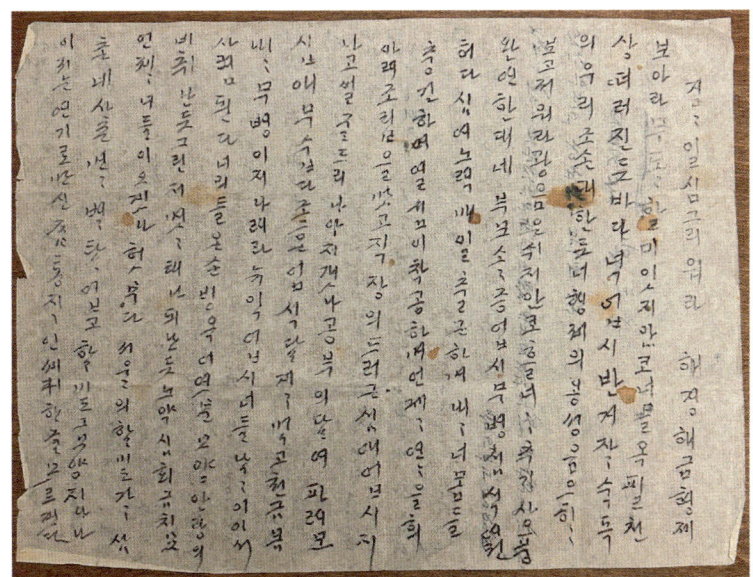

1982년 뉴욕 총영사관 부임 후
한국에 계신 어머니가 손녀의 상서를 받고 보낸 어머님의 답신

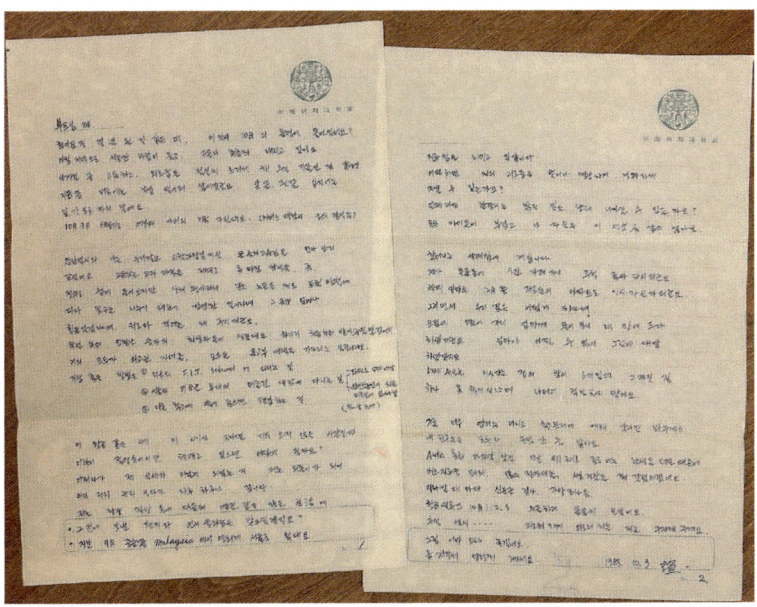

1983년 10월 둘째 딸 해선이 뉴욕총영사관에 부임차 출국할 때
인질로 홀로 떨어져 외로운 생활을 할 때 부모에게 보낸 편지

1983년 여름방학때 한국에 계신 할머니께 올린 상서.
그 후 일년이 못돼 11월 할머니는 폐렴으로 돌아가셨다

사중구활(死中求活)의 기적 - 6.25 전쟁을 중심으로

갤러리_ 기록

어머니, 아버지 보십시요.
벌써 여름 방학도 반 이상이 지나갔읍니다.
5,19,13 요 방학 전화 소식 자주 전하려 했지만
생각 뿐이었고 실천을 못했읍니다. 저는 도매상에서
잘 일하고 있읍니다. 요즘은 제 능력을 인정해 줘서
일하는 게 재미 납니다. 주급은 $300 이고 일하는동안
항상 배부르게 해 줍니다. 저번 7月 5日부터 한 주간
Kansas 주에 다녀 왔읍니다. 여기서 누나랑 Taxi 를 타고
La Guardia 공항에서 출발했읍니다. 구름이 많은 분러러
비행기가 높이 안 떠서 육지가 환히 보였읍니다.
고속도로가 죽죽 뻗은 거며 농장이 바둑판 모양으로
있는 것등을 보았읍니다. 3시간 채 안 되는 비행기
여행을 마치고 Missouri주의 Kansas City에 가자.
서형님, 누나 그리고 지영이가 반가히 맞아 주었읍니다.
뉴욕은 유별나게 더웠던 적이 없었는데, 그 곳은
어찌나 더운지 차를 공항에서 Emporia 까지 가는
여행에도 지겨워서 혼이 났읍니다. Emporia의
Apt 는 의외로 넓어서 별 큰 부족감이 없었읍니다.
지영이가 작은 방에서 해선 누나랑 같이 잤고
지영이는 큰누나가 안방에서 데리고 잤읍니다.
우리 온다고 HBO (유선방송) 까지 설치해서
매일 TV에서 영화만 보았읍니다. 영화 본 이외에는
테니스장이 떨어지면 코 닿을때 있는고로 매일 저녁
7~9 까지 Tennis을 쳤읍니다. 지영이가
영화나 예쁘고 재롱을 떠는지 지금도 보고 싶읍니다.
아직 말은 잘 못해도 이모, 아찌 (아저씨) 등
말을 하기 시작합니다.
Emporia는 자그마한 도시로 한가로우며 물가도
뉴욕보다 대체적으로 쌉니다. 그래도 Shopping mall
등 있는 것이 있읍니다. 뉴욕으로 오기 하루전엔
공항이 있는 Kansas City 로 가서 Worlds of Fun
(어린이 대공원 같은것)에 가서 이것 저것 타 보았읍니다.

1986년 7월 우리 내외가 뉴욕총영사관 근무를 마치고 귀국한 후
재학중에 해선 해탁 남매가 보낸 미국소식

어머니, 아버지께

어느덧 단풍진 가을입니다. 낙엽이 우수수 떨어지는 것을 보고 있노라면 NJ 에써의 가을이 떠오릅니다. 그동안 안녕하셨어요? 아버진 사투성에 잘 다니시고? 어머닌 혈압이 좀 나아지셨는지. 해훈인 학교 잘 다니지요? 자꾸 면력을 웃으시며 대단히 허둥첩니다. 딸 치워 놓으니 허거러 생각하실 것 같습니다. 하는 일도 없으면서 애들 둘보고 원서방 뒷바라지 하다보면 또 하루가 후딱 지나갑니다.

저희는 어머니 아버지 염려 해주시는 덕에 잘 지냅니다. 이곳 Cleveland는 생각보단 살기 좋은 것 같습니다. 학교가 그리 크지도 않고 도시도 크지도 작지도 않습니다. 원서방은 학교가 아주 마음에 드는 모양으로 학교에 다녀오면 교수얘기에 정신이 없습니다. 이 곳으로 전학하느라 여러가지 문제가 겹쳐서 시간적으로 손해보았지만 그 이상으로 학교가 마음에 드나 봅니다. 지영인 이제 못하는 말이 없고 제법 말이 통합니다. 思考도 많이 logical 해서 무엇이든 설명하고 가르쳐주면 이해가 되는 듯합니다. 노래도 곧잘 부러서 어린이 듣기는 목로 유행가도 잘 부릅니다. 하얀 첫눈이 온다구요 라는 노래는 처음부터 끝까지 다 합니다. 어린애가 어른 노래를 부르는 걸 보면 웃으울 때도 많습니다. 쪼끄마한 애가 "잃어버린 세월, 잃어버린 눈물, 잃어버린 내 靑春" 한다던가 "당신때문에 외로운 내마음" 하면 뭔가 안 어울리는 것 같고요. 소원인 건강하게 잘 큽니다. 애가 비웃이 좋아서 잘먹고 잠도 잘 잡니다. 애가 좀 큰편이기 개월되어 많은 때부터 많은 사람들이 돐이 다 되어 보인다며 걷로 병낙을 왜 안하냐고 웃습니다. 지금 29½ inches & 23.5 LB 입니다. 아침에 자고 일어나도 우는 법이 없이 웃으면서 기어 나오는 걸 보면 즉어감 (혹시 자료찬 것 있으시면 연락주세요. 이후지은으로 보안때 가져갈께요)

1987년 11월 첫째사위 원하연이 처와 두 어린딸을 데리고
오하이오 주 클리브랜드에서 유학 중 맏딸 혜경이 부모에게 보내온 편지

사중구활(死中求活)의 기적 - 6.25 전쟁을 중심으로
갤러리_ 기록

장 모님께

　　　제가 Cleveland, Ohio에 온지가 벌써 1년이 다 되어갑니다. 다른 한국 학생들은 제가 오자마자 떠난다고 묻습니다. 그들은 박사를 하기때문에 최소한 4-5년은 걸리므로 석사만 하고가는 제가 금방 가는것 처럼 느껴지죠. 지난 학기에는 등록금을 절약하고자 6과목을 들었다가 바빠서 혼이 났었습니다. 5과목을 들으나 6과목을 들으나 등록금이 같으므로 만약에 5과목을 지난 학기에 들으면 여름학기에 2과목을 들어야되지만, 지난 학기에 6과목을 들었기 때문에 지금은 Strategic Management and Policy (경영 전략과 정책) 한 과목만 듣고 있습니다. Summer job을 大企業에 가서 하려고 했으나 여의치 않았고, 현재 이수하고있는 과목교수의 Project를 Part time 으로 도와주고 있습니다.
　　　매주 금요일 오후에는 Tennis을, 토요일 새벽에는 Golf 를 칩니다. 요새는 예년과 달리 시원한 여름이 계속되어서 Golf 치기에 좋습니다. 지난 주에는 95 타를 쳤는데 연습을 안 하고 게을러서 잘 늘지를 않습니다. 겨울에도 따뜻한 North Carolina 나 South Carolina에 있는 학교의 유학생들 은 Golf를 무척 잘 친다고 들었습니다. 하긴 Oregon에 있을때 MBA 학생 중에 제가 재일 무척서 집 치워주질 않더군요. 여기 학교에는 작년부터 Golf 바람이 불어서 지금은 집 치는 사람들이 저하고 비슷합니다. 저는 아직도 Golf보다는 Tennis나 수영같은 다른 운동들이 더 좋습니다.

　　　아마도, 이것이 제 유학시절에 드리는 마지막 편지인가봅니다. 공부는 7월 28 일에 모두 끝나고, 8월 1일에 출발해서 나성에서 닷새있다가, Hawaii에서 일주일 머물고, 8월 15 일 오후 5시에 KAL 001 편으로 김포공항에 도착하게 예약해 놓았습니다. 올 여름에는 처회집 식구들이 이산가족을 찾은 것 같을겁니다. 집안도 모처럼 사람 사는 것 같이 되겠지요. 제 外叔母님께서 좋아하실 것을 생각하면 흐뭇합니다. 막내 처제가 재미있게 지내는 것이 보고싶군요. 지영이 외가는 큰 처제 대회의 혜택이던 모이면 두모두에게 되겠네요. 역시 사람은 사람과 부대끼며 살아야 합니다. 유학생활이 매우 단조롭고, 활동 범위가 한정되어있고 외로와서 사람들을 많이 그리워합니다. 한번은 신문에서 봤는대 미국 Arizona 州에 병원 설비가 아주 완벽한 市가 건립이 되었는데 그곳의 아파트 入住 資格이 65 歲 이상이여야 한답니다. 미국 노인들이 젊은이들한테 소외되고 외로와서 前職 학교 선생님이었던 제 할아버지가 서로 모음을 맞어서 서로 돕고 살 수 있는 곳을 만드는 것을 봐도 사람은 사회적 동물인가봅니다.

　　　이 학교에 오는 일본 MBA 학생들은 미국의 달러가 싸가지서 여기의 모든 것이 너무 너무 싸다고 합니다. 골프장에서 만나도 비싼 축전지총을 다고 다니고 하루에 36 홀도 마다않고 알싸히 칩니다. 東京大 法科를 졸업하고 일본 産業銀行이 보내서 온 수마야는 100장도 치고, Sophia大 英文科를 나와서 어느 화장품 회사에서 온 대수아라는 친구는 궁의 핸디가 12 이라고 하는

1988년 6월 큰사위 (원하연)가
오하이오 주 클리브랜드에서 MBA 과정 유학중 장모에게 보낸 편지

Oct 1, 1993

Dear Daddy,

Hi, How are you?
How is the Expo going? I read in the newspaper that it is running well. I can't believe that half way is through already. I talked with Mom and heard that she has been to you over the weekend. I was surprised that Mom drove herself!
As you'd know, I am doing well in school and everything is pretty much alright. I live on campus again this semester to save time and to have my own quiet space.
I am taking 17 credits in courses like Seminar on International Business, Introduction to Communication Arts, Criticism in Mass Media, and Producing the Newspaper, etc.
After being a reporter for 2 semeters, I am the Advertising Manager in Ramapo News this semester. It is a major job to keep the paper running- financially. This job requires alot of time and efforts. I have to meet the store managers from this area and sell the space to put their (advertisers) ads. I make the contracts with them and get 15% commissions whenever I sell it. (I make about $200-$250 per week). Then I make and design the copy of advertisement on computer and layout on each page.
This position is the only paid job for school newspaper, so I am really lucky to have this position. I spend most of my time in newsroom, more than in my room in apt. I enjoy doing what I do for the school newspaper, though. I am learning everything about newspapers, from writing to producing it. We have the greatest facilities in our newsroom in the school, such as big screen Macintosh computers, couple of laser printers, CD Rom, phones, my own dest & drawers and even a refrigerator.

I work in the library, Periodicals, during the weekends, only 5 hours on Sat & Sun and if I have time, I visit my sister in Dover.
I will be graduating in December and my plan for future is to start my master's degree in September 1994. I have several schools to apply in my mind. I will start sending applications in December. I got a license to work in U.S. legally, so after I graduate from Ramapo College, I plan to work for 6 months before I start my master's program. But of course, right after I graduate Ramapo I will come to Korea and visit you!
I hope everything is fine with you and I ask you to take good care of yourself while in Taejon. You know how much I love you, and how lucky I am to have you as my dad!!
I miss you.

Love, Haegeum

1993년 대전 EXPO93 근무 중
미국 신문방송학과 유학중인 막내딸이 보낸 안부편지

사중구활(死中求活)의 기적 - 6.25 전쟁을 중심으로

갤러리_ 기록

PEOPLE IN THE NEWS

R.T. Student Named To College Who's Who

Grace Haegeum Chung

Grace Haegeum Chung of Rockaway Township, a senior majoring in Communication Arts at Ramapo College, was recently named to the 1994 edition of Who's Who Among Students In American Universities And Colleges.

Ms. Chung joins an elite group of students selected from more than 1,400 institutions of higher learning in all 50 states, the District of Columbia and several foreign nations. At Ramapo, students selected this year come from New Jersey, New York and Pennsylvania.

Outstanding students have been honored in the annual directory since it was first published in 1934.

Ms. Chung is a member of the following school organizations: The Ramapo News, the International Student Organization, and the InterVarsity Christian Fellowship.

Ms. Chung also received the following honors: First Team All-Academic Team, 1993, Friends of Ramapo Scholar, and the New Student Achievement Award.

1994년 막내딸이 유학중인 Ramapo College 에서 미국대학에서 매년 선발하는 영광의 "Who's Who" 에 지명된 기사

아버님 보십시오.

　　아침·저녁으로 공기가 꽤 차가와졌습니다. 환절기에 건강하신지요.
저는 규칙적인 생활로 건강하게 지내고 있습니다.
아직 제대는 멀었지만 9月 1日부로 상병 진급을 하게 됩니다.
　　새로운 각오로 군 생활에 충실해야 빛다고 생각하니 아버님께 안부 전하는 보이 우선 일것 같아 이렇게 편지를 씁니다.
　　어머니께 전화는 자주 합니다만 자주 집에 가지는 못합니다. 요즘은 수중에 하루 올라오신다고 들었습니다.
　　해승이에게도 카드로 전화를 했는데 대학원준비를 하고 있으며 개학날까지 Macy's 에서 part-time 을 한다고 합니다. 아마 올해 중으로는 들어오기 힘들어 보이긴 하지만 모든 일에 열심인 해승이가 대견합니다. 진로 사진을 부쳐 왔는데 너무 커서 몰라볼 정도입니다.
　　저는 여기서 공관 관리 차 관리를 하는데 시간을 잘 활용해서 틈틈히 책을 보고 있습니다. 제 나름대로 운동도 하고 육식도 취하며 만족한 생활을 하고 있습니다.
　　아버님도 가능한한 운동을 하셨으면 좋겠습니다. 워낙 바쁘시지만 그럴수록 건강에 신경을 쓰셔야 겠지요.
　　이만 줄이겠습니다. 안녕히 계십시오.
　　　　　　　　　　　1993. 8. 29　　해탁 올림.

1993년 8월 아들이 경기도 송추에 있는 군부대 있을때
(상병진급) 부친께 올린 상서

사중구활(死中求活)의 기적 - 6.25 전쟁을 중심으로
갤러리_ 기록

주소: 경기도 인천시 서구 심곡동 연희 2 지구 30/5
규동 아파트 104 동 2201 호
전화: 032-567-3823/ fax: 032-751-3012

엄마, 아빠께

그 동안 안녕하셨어요? 가족 모두 잘 지내시겠지요?
벌써 한해가 저물어 가는데 좋은 한해가 되었기를 바랍니다. 저희에게는 작년에 이어서 올해도 바쁘고 사건(?)이 유난히도 많았던 한해였어요. 일단, 큰 이사를 했으니 많은 변화가 있었고, 기쁘고 즐거운 일도 많았지만 조금은 어려운 일도 겪어야만 했지요.

저희는 작년 12월에 한국에 와서 덕분에 잘 지내고 있습니다. 이제 딱 일년이 되었어요. 처음에 아파트 구하고 새 직장 다니며 새로운 생활에 적응하느라 힘들었지요. 미국에서 이삿짐을 배로 부쳤는데 도착이 늦어져 거의 두 달간 빈 아파트에서 불편한데로 살았지요. 게다가 제가 snowboard 타다가 손목이 부러져 한달동안 기브스하며 먼 직장 다니느라 고생했지요. 모든것이 정리되고 안정되기까지 3-4 개월은 걸렸어요. 지금은 너무나 편안하게 건강히 지내고 있지요.

인철씨는 인천 국제신공항을 건설하는데 필요한 system network 을 만드는 일을 consult 해주는일을 하고 있어요. 인천신공항은 참으로 거대한 프로젝트여요. 바다를 흙으로 메꾸어 두 섬을 연결하여 기반을 닦고 공항을 건설하고 있지요. 이곳은 근무 환경은 미약하지만, 맡은 일 자체를 재미있어 하며 보람을 느끼며 일하고 있어요.

저도 인천 국제 신공항을 설립하는 일을 하는 미국 회사인 Harris Corporation 에서 근무하고 있어요. 거의 일년동안 인천에서 서울 강남 삼성동으로 먼 출퇴근을 하느라 힘들었는데, 10 월부터 저희 회사도 인천신공항 현장인 영종도로 옮겨져 이젠 인철씨랑 같이 출근을 하지요. (퇴근은 제가 한시간 먼저 하고요.) 만나서 점심도 같이하기에 같은 회사에 다니는 것 같아요. 차 타고 20 분, 배타고 20 분, 회사 버스 타고 20 분. 여전히 멀지만 그전 서울 다니던 것에 비하면 훨씬 쉬워졌지요.

저희 둘 다 토요일은 일하지 않지만 (아직도 많은 사람이 토요일 근무하지요), 미국에 비하면 근무시간이 길고, 통근시간도 길어서, 주중엔 바쁘게 일하기만 합니다. 그대신 주말에는 한국의 여러곳을 보려고 기회만 되면 여행을 떠나지요. 그동안 설악산, 덕유산, 지리산, 마이산, 경주, 제주도등 다니며 한국의 아름다운 모습을 감상할수 있었어요. 여름에는 등산, 자전거타기를 주로하고, 겨울엔 스키타러가는 것이 우리의 큰 즐거움이지요.
올 겨울에도 벌써 용평과 Pheonix Park 에 스키타고 왔지요.

지난 봄에는 말레이지아의 페낭섬에 가서 휴가를 보냈고, 추석때는 저희 결혼 일주년을 기념으로 일본에가서 즐거운 시간을 갖었지요. 이번 크리스마스 연휴엔 뉴질랜드로 가서 이주일간 여행할 계획이지요. 여행이 저희에게 가장 즐거운 취미 생활이 되었어요.

한국에 있으면서 또하나 좋은 것은 친정식구가 가까이 있어, 기회되는데로 가족과 시간을 보내는것도 큰 기쁨이지요. 저희 친정 식구랑 친구, 인철씨 친지분들도 뵈러다니지요.

춥고 긴 겨울 건강히 잘 지내시기를 빌며 가정에 주님의 사랑과 평화가 함께 하시기를 바랍니다. 즐거운 성탄절과 새해를 맞이하시기를 빌께요.

정해금, 장인철 드림.

1998년 11월

1998년 11월
미국에 있는 셋째딸 내외가 부모에게 보낸 편지

2007년 종로구 평창동에서
아들이 아버지께 올린 편지

우리나라 만화계 일인자인 신동우 화백이 그린
핵가족 5명의 나이 띠에 따른 동물화 만화

사중구활(死中求活)의 기적 - 6.25 전쟁을 중심으로

갤러리_ 기록

사중구활(死中求活)의 기적 - 6.25 전쟁을 중심으로
갤러리_ 기록

가화만사성
가정이 화목하면 많은 것을 이룰 것이다.

무장극락
오랜 즐거움이 끝이 없어라.

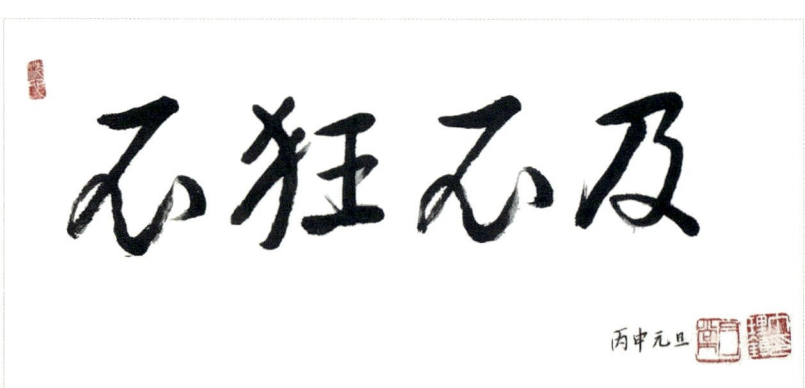

불광불급
미치지 않으면 달성하지 못한다

사중구활(死中求活)의 기적 - 6.25 전쟁을 중심으로
갤러리_ 기록

정관자득
사물을 잘 살펴보면 스스로 깨닫게 된다.

효제충신
부모에대한 효도, 형제간의 공손함, 임금에 대한 충성, 벗사이의 신뢰

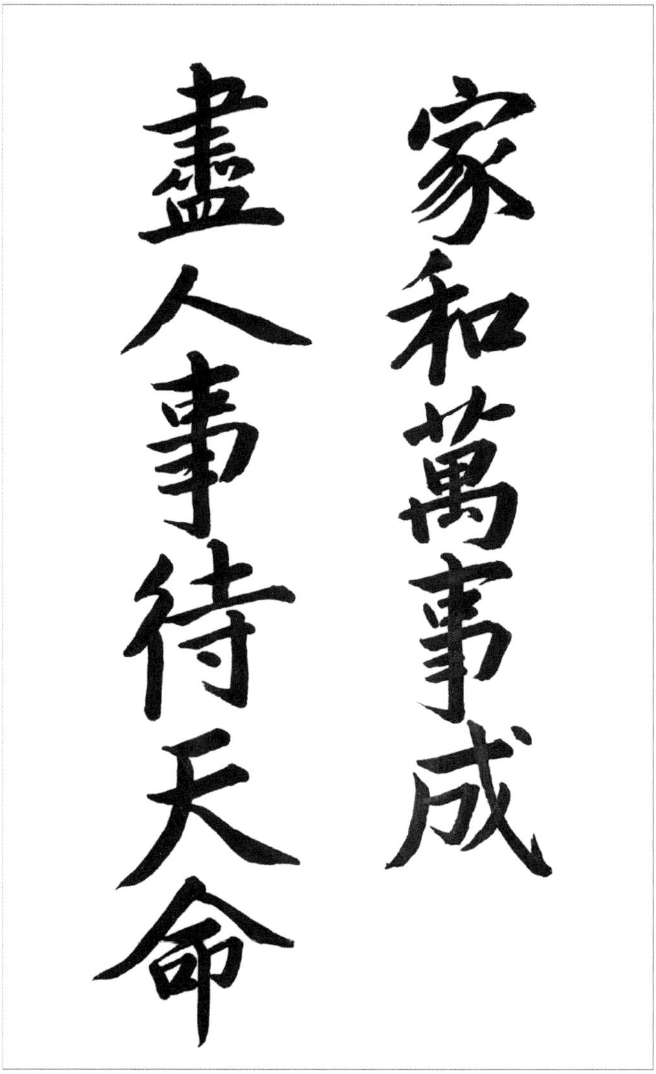

家和萬事成
盡人事待天命

가화만사성, 진인사대천명
가정이 화목하면 많은 것을 이룰 것이니,
사람의 할 일을 다하고 하늘의 뜻을 기다려라.

사중구활(死中求活)의 기적 - 6.25 전쟁을 중심으로

갤러리_ 기록

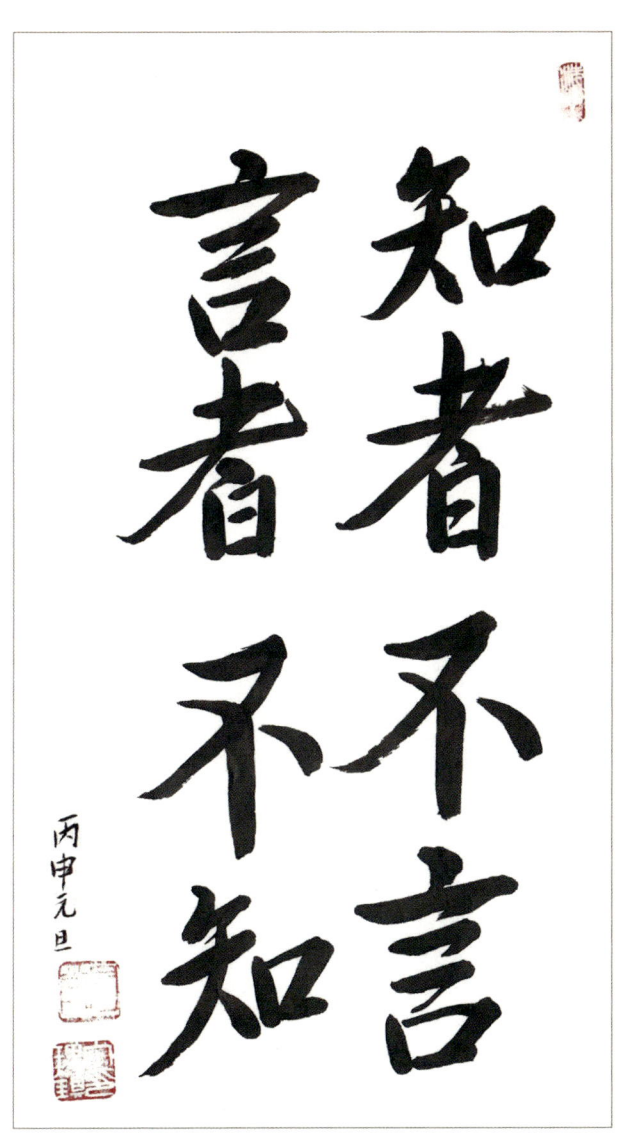

지자불언 언자불자
아는 자는 말이 없고, 말하는 자는 아는 것이 없다

소락재인화
즐거움은 화목한 곳에 있다.

사중구활(死中求活)의 기적 - 6.25 전쟁을 중심으로
갤러리_ 기록

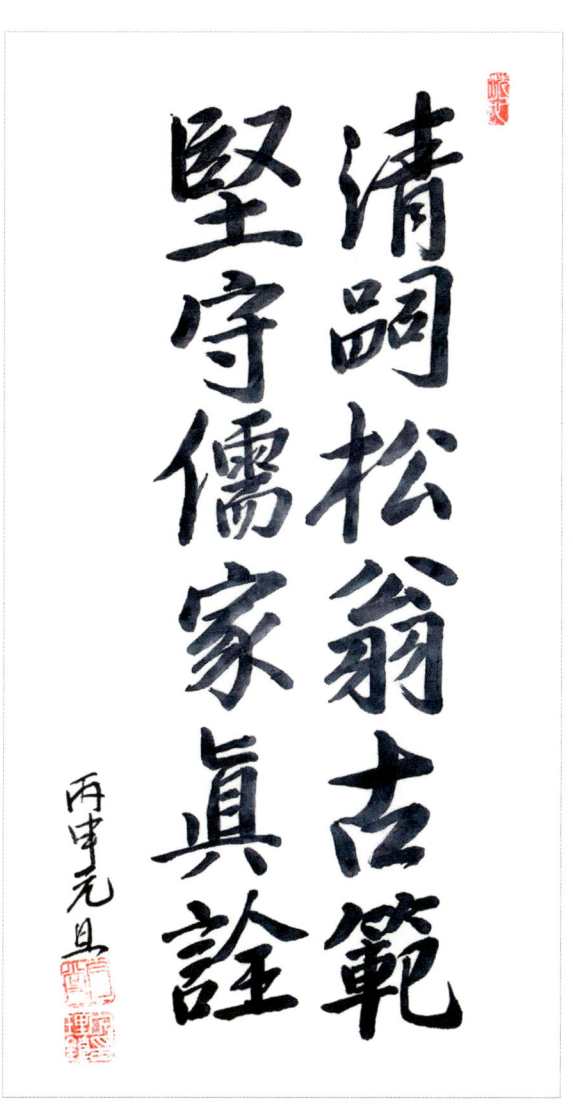

생전에 저자 내외를 아껴주시던 이가원선생이 하사하신 글을 써본 것으로서
그 뜻은
청렴결백한 송옹(저자의 증조부)의
옛범절과 유교집안의 참뜻을 굳게 지킨다.

정이진 회고록

사중구활(死中求活)의 기적

- 6.25 전쟁을 중심으로 -

2024년 5월 10일 초판 1쇄 발행

글 | 정이진
사진 | 정이진
윤문, 교정 | 배지은
디자인 편집 총괄 | 문수림

발행인 | 정이진
발행처 | 마이티북스

ⓒ 마이티북스

출판사 연락처
전화 | 010-5148-9433
이메일 | novelstudylab@naver.com
홈페이지 | http://마이티북스.com

ISBN 979 - 11 - 984193 - 6 - 1

이 책은 저작권법에 따라 보호받는 저작물이므로 무단전재와 무단복제를 금지하며,
이 책 내용의 전부 또는 일부를 이용하려면
반드시 저작권자들과 출판사의 서면 동의를 받아야 합니다.

파본이나 잘못된 책은 구매하신 채널에서 교환해 드립니다.

도서 제작 과정에서 아래의 폰트를 사용했습니다.
'Gowun Dodum, KoPub바탕체, KoPub고딕체, Noto Sans CJK KR.'
창작자들을 위해 무료로 배포해준 폰트 제작자 여러분에게 지면을 빌려 감사의 마음을 전합니다.